정통 영문일기

정통

# 영문
# 일기

**초판 1쇄 인쇄** | 2019년 03월 10일
**초판 1쇄 발행** | 2019년 03월 30일
**지은이** | 박형훈
**펴낸곳** | 태을출판사
**펴낸이** | 최원준
**등록번호** | 제1973.1.10(제4-10호)
**주소** | 서울시 중구 동화동 52-107호(동아빌딩 내)
**전화** | 02-2237-5577  **팩스** | 02-2233-6166
**ISBN** 978-89-493-0559-2   13740

# 정통 영문일기

박형훈 지음

 태을출판사

일기는 개인의 하루 동안의 활동 중에서 공적으로 또는 사적으로 자기 자신이 체험한 일들을 회상하며 남기고 싶은 것을 요점정리 하여 기록해 두는 것이 보통이다.

훗날 개인의 일기가 중요한 자료로서 공개될 수도 있는데 특히 독자가 큰 인물이 되었을 때 본인이 쓰는 자서전이나 회고록에 옮겨져 세상에 널리 공개 되는 일도 있다.

일기는 자신의 성장과 이에 따르는 활동에 따라서 다양한 내용이 쓰여 지게 된다는 점에서 이를 영문일기로 쓴다는 것은 그만큼 광범위한 영어공부를 보장 받는 셈이다.

어떤 학문이든 꾸준히 해야만 되는 것처럼 특히 영어공부는 매일 매일 해야만 실력을 향상시킬 수 있는데 이에 가장 좋은 방법이 영문일기 쓰기라 하겠다.

이와 같이 매일매일 영문일기를 쓰다보면 자연히 많은 새로운 단어와 접하게 되어 영어 청취 능력이 향상되는 것은 물론 영어의 독특한 품사의 변화나 용법 동사의 활용 등에도 익숙하게 되어 곧바로 회화에 이어지면서 표현 능력이 놀랍도록 달라져 영어에 자신감을 갖게 된다.

문법, 회화, 작문의 동시 효과는 직장 생활에서는 물론이고 상급 학교나 대학진학에도 결정적인 영향을 주게 되고 장차 국제 비즈니스 무대에서 홈페이지를 띄어놓고 무난히 E-mail을 주고받는데도 좋은 효과를 기대할 수 있다.

이와 같이 세계를 향해 사업을 개척해 나가려면 영문 E-mail은 이제 인터넷의 필수로서 비용 절감의 이점 때문에 이용 범위가 점점 확대되고 있는 실정이다.

본 영문일기는 일 년 중에 발생하는 모든 일을 꼼꼼히 챙겨서 다루었음으로 다양한 단어와 어휘 등이 총망라된 것으로 어떤 상황의 일기를 쓰더라도 참고할 수 있어서 쉽게 쓸 수 있어 독자의 소기의 목표 달성에 괄목할 만한 기여가 될 것으로 믿어 의심치 않는다.


## 영문일기를 쓰기에 앞서 유의할 점

자기의 인격을 높여 나가는 데는 여러 가지 방법이 있겠으나 그 중에서도 하루에 한 번 각자의 생활을 조용히 반성해 본다면 보다 선량한 품성으로 자기의 인격을 높여 나갈 수 있고 미래의 희망과 비약도 기대할 수 있다.

우리말로 일기를 쓰는 경우라면 이러한 커다란 의의를 찾을 수 있지만 영문으로 일기를 쓰는 경우에는 이러한 것 보다는 영어숙달이라는 영어 학습의 목적이 크다고 하겠다.

일기란 개인의 사생활이나 직업으로 하는 일 또는 맡아 하는 일에서 날마다 있었던 사실을 그대로 기록하는 것으로 순전히 개인적인 것이어서 형식에 있어서 이렇다 할 정해진 규칙이 있는 것이 아니어서 작성하기에 앞서 지레 걱정을 하지 않아도 되며 오히려 자신감을 갖는 것이 우선일 것이다. 다만 영국 미국 등 영어권 국가의 많은 사람들이 쓰고 있는 대체로 정해진 형식이 있어서 이를 따를 뿐이다.

영문일기를 처음으로 시작하는 사람은 영문일기 작성에만 사용되는 독특한 문체가 없다고 해서 자기 능력껏 써놓고 영어다운 영어로 교정해 나가지 않으면 새로운 단어 공부는 되었겠지만 영문일기다운 영문일기는 기대할 수 없게 되어 결국 작문 능력이 제자리걸음이 될 수밖에 없다.

본 영문일기책은 이러한 문제를 해소하기에 충분하여 꾸준히 공부하면 좋은 효과가 있을 것이며 도저히 혼자만으로 쓰기 어려운 것은 외국인 영어 교사 등의 도움을 받는 것이 좋겠다.

이와 같이 적어도 영어일기에 관한한 일인자가 되기 위해서는 여기저기 찾아다니며 교정도 받고 지도도 받고 하면서 bang away(열심히 하다)할 것을 꼭 당부한다.


## 영문일기를 쓰는 요령

### 1. 날짜 란(Date Line) 쓰는 법

(1) 날짜 란의 요일과 월을 약자로 표기하고 그 다음이 날씨의 순이 되게 한다. 약자에는 마침표를 찍는다.

〖보기〗 Mon. Mar. 10 Fine Seoul 또는 Monday. March 10 Fine Seoul

(2) 월 서수 요일 날씨의 순이 되게 한다.

〖보기〗March 10th. Monday Fine Seoul 또는 Mar. 10th. Mon.
      Fine Seoul

(3) 당일의 기온을 기록할 때는 날짜 란의 날씨 다음에 한다.
〖보기〗15℃. at 7 p.m. 또는 80°F. at 7 p.m
〈참고〉centigrade [séntəgrèid] a. 섭씨의, 백분도의
        a centigrade thermometer 섭씨온도계
        Fahrenheit [fǽrənhàit] (독일의 물리학자의 이름에서)
        화씨의 30°F = thirty degrees F. 화씨 30도
        Fahrenheit thermometer 화씨온도계

(4) 당일의 날씨를 자세히 기록하려면 본문에서 충분히 할 수 있
   다.
    날짜 란의 여백이 충분하다면 좀 더 자세히 기록할 수 있다.
〖보기〗「흐린 후 개임」…Cloudy later clear
       「맑은 후 흐림」…Fine later cloudy
       「비온 후 개임」…Rainy later clear
       「하루 종일 바람」…Windy all day
       「눈 온 뒤 추움」…Snowy later cold
       「가랑비 후 개임」…Drizzly later clear
       「우박을 동반한 폭풍 후 개임」…Hailstorm later clear
       「따뜻해 좋음」…Nice and warm
       「어둡다가 개임」…Gloomy later clear
       「종일 비 옴」…Rainy all day
       「하루 종일 눈 옴」…Snowy all day
       「산들 바람이 불어 좋음」…Nice and breezy

## 2. 본문을 기록하는 방법

(1) 영문은 감탄문과 명령문 이외에는 주어를 생략할 수 없으나 영문일기에서는 주어 "I"는 생략한다. 그러나 이어지는 술어 동사의 첫머리 글자는 대문자로 쓴다.

〚보기〛 Had nothing on in the morning.
　　　 「오전 중에는 아무 예정이 없었다.」

(2) 주어 "I"를 생략했을 때 문법적으로 명령문이 되거나 틀린 문장이 된다고 판단될 때에는 생략하지 말고 (I)라고 하면 되 겠다. 시험지가 아니어서 채점을 받는 것은 아니지만 전체 문 장의 뜻이 이상해지는 예가 더러 있기 때문이다.

(3) 주어 + 술어동사의 동시 생략 경우도 있다.

〚보기〛 (I was) Up with the lark. 「아침 일찍 일어났다.」
　　　 (I got) Up at six. 「여섯시에 일어났다.」
　　　 (I had) Nothing on in the morning.
　　　 「오전 중에 아무 예정(볼일·약속·계획 등)이 없었다.」

(4) 날씨나 시간을 나타내는 비인칭 주어인 it 나 또는 it is가 생략된다.

〚보기〛 (It was) Nice and warm. 「날씨가 따뜻해 좋다.」
　　　 (It was) Nice and cool. 「날씨가 서늘해 좋았다.」
　　　 (It) Looked like rain when (I) got up.
　　　 「기상했을 때 비가 올 것 같았다.」
　　　 (It) Took me about an hour to get to school.

「학교에 도착하는데 약 1시간이 걸렸다.」

(5) 영문일기에 쓰이는 시제는 보통 과거시제가 주를 이루지만 현재시제도 더러 쓰인다. 일기를 쓰로 있는 중에도 행하여지는 것은 지행 시제가 적합하다. …하면(된다면, 되었으면) 좋겠다는 희망사항은 현재시제로 쓴다.

〚보기〛 (It is) Still raining. 「지금도 여전히 비가 오고 있다.」

(I) Banged away today, too. 「오늘도 열심히 했다.」

(I) Hope that Korea is unified soon. = Hope that Korea will be unified soon.

「한국이 곧 통일되었으면 좋겠다.」

(I) Hope that the reunion of separated family is finished soon = Hope that the reunion of separated family will be finished soon.

「이산가족의 재회가 곧 끝났으면 좋겠다.」

(6) 영문일기 작성 시에 꼭 알고 있어야 할 일부형용사, 접속사 그리고 전치사의 용법과 예문을 실었으므로 참고하면 많은 도움이 될 것이다. 영문일기를 쓰는 도중에 자주 걸리는 부분의 한 예를 들어보겠다.

〚보기〛 Drank beer and drank my fill.

「맥주를 마셨다. 그것도 잔득 마셨다.」

★ 여기서 and는 앞에 한 말에 추가적으로 보충하는 용법으로 쓰여 그것도, 더욱이의 뜻이 된다.

Mother gave me spending money and all kinds of money.

「어머님이 용돈을 주셨다. 그것도 두둑하게.」

He's a student and acts up.

「그는 학생인데도 사납게 군다.」

★ 여기서 and는 대립적 내용을 나타내는 용법으로 쓰여서 …
인데도, …이면서도의 뜻이 된다.

(It is) Cold for spring. 「봄치고는 춥다.」

★ 여기서 for는 대비의 내용을 나타내는 용법으로 쓰여서 …
치고는 뜻이 된다.

(I) Helped a handicapped person out of his overcoat.

「나는 한 장애인이 외투 벗는 것을 도와주었다.」

★ 여기서 out는 벗는 것을 뜻한다.

12

영어정복의 꿈과 희망의 실현은
영문일기로부터 시작됩니다!

## 세배 (The New Year's Greetings)
### 1월 1일 화요일 맑음

벌써 설날이 찾아왔다. 할아버지와 할머니, 그리고 아버님, 어머님 순서로 세배를 드리고 온 가족이 함께 떡국을 먹었다. 우리 집 식구들은 떡국을 좋아해서 마음껏 먹었다. 나이를 한 살 더 먹은 것에 대하여 숙고하고 새해의 계획을 세웠다.

**Tue. Jan. 1 Fine.**

New Year's Day has already come. Offered new Year's greetings to Grandfather, Grandmother, Father and Mother in order, and had "rice-cake soup", ate as much as we wanted Meditated on my growing a year older and planned for the New Year.

### NOTES
................................................................................

○ 자기의 조부나 부모는 my를 일일이 붙여야 하나 일기에서는 대문자로 시작하면 된다.
○ 주문의 구어가 we이라서 분사구문의 의미상 주어 my family를 두었다.
○ 숙고(명상)하다는 meditate on + 동명사
○ 장래의 계획을 세우다는 plan up one's future
○ in order 순서대로

21

## 커피 한 잔 (A Cup of Coffee)
### 1월 2일 수요일 흐림

아버님이 불쑥 나에게 커피 한 잔 하겠느냐고 물으셔서 하겠다고 했다. 그때 마침 한 잔 마실까 하고 생각하고 있던 참이었다. 아버님은 내가 한 살 더 먹은 것에 대해 생각하고 신년 계획도 세웠느냐고 물으셨다. 그렇게 했다고 했다. 나는 그 대답으로 아버님을 만족시켜 드릴 수 있어서 다행이었다.

**Wed. Jan. 2 Cloudy.**

Suddenly Father asked me if I wanted to have a cup of coffee. I said I would. Was just thinking of having one myself. Father asked me if I had meditated on my growing a year older and had planned for the New Year. Said I have. Was very glad(that) I could satisfy him with the answer.

**NOTES**

○ A가 나에게 …하겠느냐고 물었다는 A asked me if I wanted to 부정사로 나타낸다.
○ 의문사가 없는 현재완료의 질문은 간접화법에서는 had + P.P.
○ 내가 …할 수 있어서 다행이었다는 I was very glad (that) I could + 동사원형

22

## 03 판에 박힌 질문 (A Few Set Questions)
### 1월 3일 목요일 흐린 후 개임

한창 생각에 잠겨있는데 어머님이 들어오셨다. 혹시 화가 나신 것은 아닌가 하고 눈치를 살폈다. 몇 가지 판에 박힌 듯한 질문을 하셨다. 어머니는 늘 내가 공부는 잘하고 있는지 대인관계는 잘하고 있는지 동생에게 잘 해주고 있는지 건강은 좋은지에 대해 몹시 알고 싶어 하신다.

**The. Jan. 3 Cloudy later fine**

Mother came in while I was in the middle of a brown study. Read her face for fear that she might be mad. Asked me a few set questions. Mother is always anxious to know if I'm doing well, getting along with my classmates, if I'm doing well by my younger brother and if I'm in good shape.

### NOTES

◯ 한창은 in the middle of
◯ '생각에 잠겨 있는'은 be in a brown study 이다. brown study는 주어로 쓰여 심사숙고, 몽상, 묵상의 뜻이다.
◯ 공부나 일이 잘되다는 do well이다.
◯ …에게 잘해 주다는 do well by + 목적어이다.
◯ …와 의좋게 지내다는 get along with
◯ 몸의 상태가 좋은은 in good shape이다.
◯ 혹시 …한 것은 아닌가 하여는 for fear that …might(may) …또는 for fear of …이다.

23

## 윷 게임 (A Yut Game)
1월 4일 금요일 개임

윷놀이를 하면 신나겠다. 문득 윷놀이가 떠올랐다. 세배하러 온 두 사촌들과 윷놀이를 했다. 청백으로 나누었다. 가위 바위 보로 정했다. 그리고 맹렬히 싸웠다. 내 동생 인호와 그리고 나 자신이 윷짝을 던져 올리는 방법이 마음에 안 들었으나 두 사촌들이 공중에 가볍게 던져 올리는 방법이 썩 마음에 들었다. 결국 사촌들이 윷 게임에서 이겼다.

### Fri. Jan. 4 Fine

It will be jolly fun if w play Yut. A Yut game suddenly struck me. Played Yut with two cousins who visited us to pay a New Year's call. We divided ourselves into two parties, blue and white. Divided by kawibawibo and fought furiously. I didn't like the way brother In-ho and I tossed the Yut sticks but surely liked the way two cousins tossed them. Finally two cousins won the Yut game.

### NOTES

○ …하면 신나겠다는 It will be jolly fun if + 주어 + 동사
○ 세배하기 위하여는 to pay a New Year's call
○ 가위 바위 보로 정하다는 divide ~ by kawibawibo
○ …가 …하는 식(방법)이 마음에 든다는 like the way + 주어 동사
○ 공중에 가볍게 던져 올리다는 toss

## 장기자랑 (A Talent Show)
### 1월 5일 토요일 맑음

식구들과 잡담을 하는 것은 대단히 즐거운 일이었다. 그러나 저녁식사 후에 널따란 방에서 사촌들과 사이좋게 어울리면서 여러 가지 게임을 하는 것은 더욱 신나는 일이었다. 장기자랑도 했다. 피아노에 맞추어 노래를 부르면서 즐거운 하루를 보냈다.

**Sat. Jan. 5 Fine**

It was very fun to have a chat with my family but it was more fun when we enjoyed a variety of games in a roomy room mixing with cousins after dinner. We also had a talent show. Had a good day playing the piano and singing songs to the piano.

NOTES
..................................................................................................

◎ …하는 것은 즐거운 일이다는 It is very fun to 부정사
◎ …와 사이좋게 어울리다는 mix with…
◎ 장기자랑을 하다는 have a talent show
◎ 피아노에 맞추어 노래하다는 sing to the piano
◎ 여러 가지 게임 a variety of games

## 가장 큰 눈 (The Heaviest Snowfall)
### 1월 6일 일요일 눈

참으로 추운 날이군. 옷을 따뜻하게 입었다. 눈이 올 것 같은 날씨였는데 아니나 다를까 펑펑 쏟아졌다. 매년 이때쯤 이면 보통 눈이 많이 오지만 이번 것은 10년 만에 가장 큰 눈이다. 내가 태어난 이후 이렇게 많은 눈이 쌓인 것은 처음 본다. 기상통보관이 한강이 꽁꽁 얼었다고 했다.

**Sun. Jan. 6 Snowy**
How cold it is today! Put on two underwears. It looked like snow. Sure enough it snowed thick and fast. It usually snows hard at this time of year but it's the heaviest snowfall in ten years. I've never seen so much snow since I was born. The weatherman said the Han River had frozen hard.

**NOTES**

- 옷을 따뜻하게 입다는 put on something warm 이다.
- 여기서는 내의를 두 개나 입었다고 했다.
- 날씨가 …이 올 것 같다는 It looks + 눈(비, 진눈개비, 소나기 등)
- 나의 경험으로는 처음 본다는 …이래 한 번도 본적이 없다는 표현
- …꽁꽁 얼어붙다는 freeze hard이고 수면이 얼어붙다나 온통 얼다는 freeze over 이다. 몸이 얼어붙다는 I'm freezing 이다.

## 07 가장 맛있는 스테이크 (The Best Steak)
1월 7일 월요일 맑고 아주 추움

식모가 부재중이어서 어머님이 점심식사로 스테이크를 손수 만드셨다. 먹고 싶어 참을 수가 없었다. 그렇게 맛있으리라고는 생각도 못했다. 지금까지 내가 먹어본 것 중에서 가장 맛있었다. 무엇인가 맛있는 것을 먹는 것 보다 좋은 것은 없다. 식사 후에는 좋은 음악을 들었다. 식사 후에 좋은 음악을 듣는 것 보다 좋은 것은 없다.

**Mon. Jan. 7 Fine and very cold**
The kitchenmaid being out, Mother cooked steak for lunch. Couldn't wait to try it. I never thought it would be that good. That was the best steak I've ever eaten. There's nothing like eating something delicious. After lunch Listened to good music. There's nothing like listening to good music after a meal.

**NOTES**

- 손수는 with her own hands이나 여기서는 Mother가 충분히 대신하고 있다.
- …하고 싶어 못 견디다는 can's wait to 부정사
- …하는 것보다 더 좋은 것은 없다는 There's nothing like + 동명사(명사)
- 음식이 맛있는 delicious, sweet, nice, good
- 음식이 맛깔스러운 것은 palatable, tasty, edible
- There is nothing like home. 집보다 더 좋은 곳은 없다.

27

## 운동 (Workout)
### 1월 8일 화요일 하루 종일 바람

오늘도 평소와 같이 운동을 했다. 조깅도 했다. 체육관에
가서도 했다. 역기도 들었다. 기분이 정말 좋다. 사람들이
날 보고 체격이 좋다고 한다. 운동 하는 덕을 보고 있다. 운
동 덕분에 5kg이 줄었다. 아버님이 날 보시고 살(체중)이
좀 빠진 것 같다며 보기에 좋다고 하신다.

**Tue. Jan. 8 Windy all day**
Worked out us usual. Jogged. Worked out at the gym and lifted
weights as well. It made me feel real good. They say I have a good
build. It's paid off for me. I lost 5kgs exercising. Father says I look
like I've lost weight and look good.

**NOTES**

- 운동하다는 work out
- 기분이 좋아지다는 It makes you(me) feel good 이다.
- 기분이 훨씬 좋아진다는 It makes you fell a lot better
- '덕을 단단히 보고 있다'는 It's paid off for + 목적어
- 체중이 줄다는 lose weight
- '체중이 늘다'는 gain weight
- 신장에 비해 초과중량이다. I'm overweight for my height.
- 신장에 비해 체중이 모자란다. I'm underweight for my height.
- '체중을 줄이다'는 get one's weight down.

## 신선한 공기 (Fresh Air)
1월 9일 수요일 맑음

어느 때나 다름없이 일찍 일어나 창문을 활짝 열고 신선한 공기가 들어오도록 했다. 하루 내내 도심의 탁한 공기를 마시고 사는 사람에게는 이른 아침에 맑은 공기를 들이마시는 것보다 상쾌한 것은 없다. 몇 번인가 심호흡을 했다.

**Wed. Jan. 9 Fine**

Got up early as usual and threw open the windows to let in some fresh air. Nothing is more refreshing for those who breathe the impure air of downtown than to inhale the fresh air early in the morning. Breathed deeply several times.

### NOTES

○ 창문을 활짝 열어 재치다는 throw open the windows
○ …하는 사람에게는 …하는 것처럼(보다) 상쾌한 것은 없다는 Nothing is more refreshing for those who …to…
○ 도심의 탁한 공기를 호흡하다는 breathe the impure air of downtown
○ 가슴이 후련한, 상쾌한, 새롭고 신나는, 참신하고 기분 좋은은 refreshing

# 따뜻하게 그들의 손을 흔들며
## (Shaking Their Hands Heartily)
### 1월 10일 목요일 가끔 구름

학교에서 집으로 오는 길에 여행자들처럼 보이는 두 외국인이 말을 걸려고 나에게 다가왔다. 그들은 자신들이 Bob과 Dick이라고 소개했다. 시청으로 가는 길을 안내해 줄 수 있는지 물었다. 나는 따뜻하게 그들의 손을 흔들며 안내하겠다고 했다. 그들의 표정을 살폈는데 만족스럽게 보였다. 그 자리를 떠나기 전에 그들 중 한 사람이 주소와 전화번호를 서로 교환하자고 했다. 나와 같은 생각이었다.

**Thu. Jan. 10 Partly cloudy**

On my way home from school two foreigners who looked like travelers came up to me to speak to. They introduced themselves as Bob and Dick. They asked me if I could show them the way to City Hall. I said I could shaking their hands heartily. Read their faces. they looked satisfactory. Before we left, one of them insisted that we exchange addresses and phone numbers. He talked my language.

---

**NOTES**

○ '말을 걸기 위해 …에 다가오다'는 come up to …to speak to
○ 따뜻하게 그들의 손을 흔들면서는 shaking their hands heartily
○ 강력히 주장하다. 끝까지 우기다. 강요하다는 insist
○ 전화번호를 교환하다. exchange phone number.
○ '나와 같은 생각이다'는 You talk my language

30

## 대형 트럭 (A Large Truck)
### 1월 11일 금요일 맑은 후 구름

외가의 할아버지와 할머님을 뵈러 갔었다. 모두 차의 안전벨트를 맸다. 어머니와 남동생 그리고 여동생은 뒤에 타고 나는 조수석에 앉았다. 아버님이 운전하셨다. 우리는 우측 차선을 달리고 있었는데 대형트럭 한 대가 왼쪽 차선에 나란히 달리고 있는 것이 보였다. 언덕을 같이 올라갔는데 내리막길에서 갑자기 속도를 내더니 왼쪽으로 우리차를 쌩 하는 소리를 내며 추월했다. 그 순간에 추월할 때의 강한 바람의 충격파가 우리차를 때리면서 뒷바퀴가 옆으로 미끄러지기 시작했다. 아버님은 핸들을 역으로 돌리려 했으나 아무 소용이 없었다. 순식간에 우리 차는 걷잡을 수 없이 가드레일 쪽으로 휙 돌아갔다.

**Fri. Jan. 11 Fine later cloudy**

Visited the father and mother of my mother. Everybody buckled in. Mother, brother and sister sat in the back seat. Took an assistant driver seat. Father was at the wheel. Was driving in the right lane, and a large truck was alongside of us in the left lane. We went up a gill together and then on the way down, suddenly the truck began to pick up speed. It surged forward with a whistling sound to pass on the left. At the moment, a fierce blast of wind from the truck's passing buffeted our car, and the back wheels started sliding sideways. Father started countersteering, but it was no use. In a wink, we were spinning uncontrollably toward the guardrail.

# TV 보는 습관 (The Habit of Watching TV)
## 1월 12일 토요일 눈 온 뒤 추움

두시가 넘도록 잠을 이룰 수가 없었다. 그래서 TV를 보았다. 봐 버릇하지 않은 TV를 본다. TV보는 습관이 생겼다. 씹어 버릇하지 않은 껌을 씹는다. 껌 씹는 습관이 생겼다. 영어선생님은 TV보는 시간을 빼내어 공부하라고 하신다. 그 습관을 없애려고 노력하고 있지만 좀처럼 진척하지 않고 있다.

**Sat. Jan. 12 Snowy later cold**

Couldn't get to sleep until after two. Watched TV. Watch TV (that) I didn't used to watch. Got into the habit of watching TV. Chew gum (that) I didn't used to chew. Got into the habit of chewing gum. English teacher tells us to steal time from watching TV to study. Trying to break off the habit but it's hard going..

**NOTES**

○ 봐버릇하지 않던 TV를 본다는 Watch TV (that) I didn't used to watch 이다.

○ 습관이 생기다는 get into (form, fall into) the habit of + 동명사 이다.
　…하는데서 시간을 빼내다는 steal time from + 동명사 이다.

○ 습관을 없애다는 break off a habit 이다.

○ 좀처럼 진척되지 않는 hard going 이다.

## 마음이 들뜬다 (My Mind Wanders)
### 1월13일 일요일 흐리고 바람

연 말 연시만 되면 매번 마음이 들뜬다. 마음을 다잡을 수가 없었다. 저녁에는 쓸데없이 들락날락 하면서 보냈다. 방황하는 사람 같았다. 기분전환으로 CD를 틀었다. 그리고 노래를 불러서 기분을 풀었다. 정신을 차리고 마음을 잡기로 결심했다.

**Sun. Jan. 13 Cloudy and Windy**

My mind wanders when the year-end and the beginning of the year comes. Couldn't brace myself up. Spent my evenings going in and out. Was like a wanderer. Played a CD for a change, and diverted myself in singing. Decided to gather myself up and get a firm grip on myself.

**NOTES**

○ 마음을 다잡다는 brace oneself up 이다.

○ 들락날락 하면서는 going in and out 이다.

○ …하면서 기분을 풀다는 divert oneself in 이다.

○ 정신을 차리다. 용기를 내다, 기운을 내다는 gather oneself up 이다.

○ 마음을 잡다는 get a firm grip on oneself

○ 통제력은 grip 《on》 이다.

○ 기운 내어, 분발하다 brace one's energies

**말다툼** (Quarrel)

1월 14일 월요일

방과 후에 교문 쪽으로 걸어가고 있었다. 교문근처가 떠들 썩했다. 하급생들이 온갖 욕을 하면서 다투고 있었다. 상급 생으로써 싸움을 말렸다. 그러나 말리는 것도 듣지 않고 성 이 나서 길길이 날뛰었다. 난투 직전에 강경한 방법으로 싸 움을 말렸다. 두 학생을 화해시켰다.

**Mon. Jan. 14 Fine**

After school was walking toward the school gate. It was uproarious near the gate. Two underclass boys were quarrelling, calling each other all sorts of names. Stopped the quarrel as a senior student, but in spite of my remonstrance, they were raging mad. Knocked their heads together just before a rough-and-tumble fight. Reconciled the two boys to each other.

**NOTES**

○ 떠들썩한, 시끄러운은 uproarious
○ 서로 온갖 욕을 하면서는 calling each other all sorts of names
○ 말리는 것도 듣지 않고는 in spite of my remonstrance
○ 성이 나서 길길이 날뛰는은 raging mad
○ '강경한 방법으로 싸움을 말리다'는 knock their heads together
○ 난투, 혼전, 뒤범벅이 되는 싸움은 a rough-and-tumble fight 이다. 둘을 화해시키다는 reconcile persons to each other 이다.

34

## 무서운 꿈 (A Terrible Dream)
### 1월 15일 화요일 맑음

한 여학생 꿈을 꾸었다. 차를 몰고 고속도로를 계속 달리는데 손을 들어 차를 세우며 차를 길가로 빼라고 했다. 차 창문을 열더니 나를 밀어 붙였다. 그녀는 갑자기 핸들을 움켜잡았다. 반사적으로 나는 핸들을 잡아채어 경적을 울리려고 필사적으로 애를 썼다. 내가 핸들을 뺏으려고 달려들 때마다 나를 물리치곤 했다. 우리는 옥신각신 한동안 격투를 했다. 무서운 꿈이었다.

**Tue. Jan. 15 Fine**

Dreamed of a schoolgirl. Was driving along a freeway. A schoolgirl held up my car and ordered me to pull over. She opened the door and pushed me. And then grabbed hold of the steering wheel. Reflectively I grabbed for it desperately and tried to blow the horn. Each time I pounced, she fought me off. We struggled back and forth quite a while. It was a terrible dream.

**NOTES**

- 손을 들어 차를 세우다는 hold up 이다.
- 차를 길가로 빼다는 pull over 이다.
- ⋯을 갑자기 움켜잡다는 grab hold of ⋯이다.
- '싸워서 격퇴하다, ⋯에서 손을 떼려고 애쓰다'는 fight off 이다.
- 달려들어 움켜잡다는 pounce 이다.
- 이리저리, 앞뒤로 back and forth 이다.
- 싸우다, 격투하다는 struggle 이다.

## 퍼부을 것 같은 구름 (Threatening Clouds)
1월 16일 수요일 흐린 후 진눈깨비

기온이 갑자기 뚝 떨어졌다. 하늘은 부루퉁하고 구름은 산을 낮게 덮었다. 한바탕 (눈을) 퍼부을 것 같은 구름이었다. 진눈깨비 보다는 차라리 눈이 오는 게 낫겠다고 생각했다. 오후에는 눈이 펑펑 내렸다. 삽으로 눈길 보도를 만들었다.

**Wed. Jan. 16 Cloudy later hail**

Suddenly the temperature dropped. The sky sulked and clouds brooded over the mountains. Looked like threatening clouds. It started sleeting. I'd rather have snow than sleet I thought. It snowed hard and fast in the afternoon and shoveled a footpath through the snow.

**NOTES**

- '온도·생산고 등이 내려가다'는 drop 이다.
- 찌푸리다, 부루퉁해지다, 앵돌아지다는 sulk 이다.
- 구름·어둠 등이 내리덮이다는 brood 이다.
- '…을 낮게 덮다'는 brood over…이다.
- '삽으로 눈길 속 보도를 만들다'는 shovel a footpath through the snow 이다.
- 좁은 길은 footpath 또는 path 이다.
- 참고로 영국에서는 보도를 footway 미국에서는 sidewalk 이라 한다.

## 우리 애완 재미 (Jammy our Pet)
1월 17일 목요일 가끔 구름

온 식구가 모처럼 영화 한 편을 켜놓고 소파에 편히 앉았
다. 제집 보다 좋은 것은 없다. 소파에 앉아 있다 보니 우리
집 애완견 개미가 간들간들 걸어와 내 무릎에 앉더니 나를
보고 멋쩍게 짖어댔다. 턱을 쓰다듬어 주었다. 모두 웃음을
터뜨렸다. 재미는 식구와 함께 영화를 감상했다.

**The. Jan. 17 Partly cloudy**

All family turned on a telecine and settle back on the sofa after a
long time. There is nothing like home. As I sat on the sofa, Jammy,
our pet slink over and sat on my lap, barking at me awkwardly.
Rubbed the pet's chin. We broke into a laugh. Jammy joined us for
the movie.

**NOTES**

○ '소파에 기대 편히 앉다'는 settle back on the sofa 이다.
○ '신경을 *끄다*·마음을 가라앉히다'는 settle 이다.
○ '어쩐지 …한 느낌이 들다'는 I feel that…이다.
○ '간들간들 걷다·살금살금 걷다'는 slink over 이다.
○ 분사구문 barking은 계속용법으로 and Jammy barked at me …이다.
○ …을 함께 같이 보다(먹다·하다)은 join + 목적어 + for 목적어 이다.
○ 여기서 Jammy는 애완의 이름이지만 jammy는 잼처럼 진득진득한, 기
  분 좋은, 편안한의 뜻.
○ telecine 텔레비전 영화

## 18 겸연쩍은 실수 (Pratfall)
1월 18일 금요일 구름

운동을 위해서 멀리 공원까지 산책을 했다. 개도 운동을 시켰다. 기분이 상쾌했다. 오늘 무슨 좋은 일이라도 생길까? 혼잣말을 했다. 잔뜩 기대에 부풀어서 학교로 향했다. 길이 미끄러워서 차들이 미끄러지며 나갔다. 나의 왼쪽 발이 미끄러졌다. 미끄러지면서 균형을 잃어 쿵하고 엉덩방아를 찧었다. 수사나운 날이다.

**Fri. Jan. 18 Cloudy**
Took a long walk to the park for exercise. Walked the dog as well. Felt refreshed. What's one good thing that would happen? Said to myself. Filled with anticipation, headed for school. The cars skidded on the slippery road. My left foot began to slip. Skidding and off-balance, plopped down with a thud. Off day!

---

**NOTES**

○ 공원에서는 in the park 이고 공원까지는 to the park 이다.
○ '잔뜩 기대에 부풀어'는 filled with anticipation
○ '…로 향하다'는 head for
○ 미끄러지면서 균형을 잃고는 Skidding and off-balance 이다.
○ 쿵하고는 with a thud 이다.
○ 풍덩(쿵) 떨어지다는 plop down 이다.
○ 기대, 희망, 예상, 예기는 anticipation 이다.
○ '기대로 가슴을 졸이며'는 with eager anticipation 이다.

# 우리 담임 선생님 (Our Homeroom Teacher)
1월 19일 토요일 어둡다 개임

영어 선생님이 우리들에게 감기 걸리지 않도록 조심하라고 하셨다. 그리고 술 마시지 말고 담배 피우지 말며 쓸데없이 이리저리 마음 내키는 대로 쏘다니지 말라고 충고하셨다. 담임선생님은 우리들에게 우선 고등학교 시절에는 열심히 공부하고 나중에 대학에 가서 연애하는 것이 좋을 거라고 충고하신다.

**Sat. Jan. 19 Gloomy later clear**

Our English teacher told us to be careful not to catch cold and he advised us not to drink, not to smoke and not to gad about here and there at out pleasure unnecessarily.

Our homeroom teacher gives us an advise that it is better for us first to study hard in high school days, and then to fall in lobe in college days.

## NOTES

- '쏘다니다'는 gad about
- 마음 내키는 대로는 at one's pleasure
- 쓸데없이. 불필요하게는 unnecessarily
- …가 …하는 것이 좋을 거라고 충고하다는 : give + 목적어 an advice that it is better for + 목적어 + to 부정사 이다.

## 20

오락실 (Game Room)
1월 20일 금요일 맑고 아주 추움

게임에 골몰하다보니 늦은 줄도 모르고 있다가 늦게 귀가
했다. 어머니께서 늦게 귀가한다고 야단치셨다. 게임에 미
친 것 같아서 걱정이다. (미치는 게 아닌가. 해서 걱정이
다.) 어머님이 규칙적인 생활을 하라고 명령하셨다. 다음부
터는 몇 시간이고 계속해서 게임을 하지 않기로 결심했다.
친구 만나기가 싫다. 게임하는 것이 싫어졌다.

**Fri. Jan. 20 Fine and very cold**

Was absorbed in the game and was not aware of how late it was
getting. Came home late. Mother bawled me out for coming late.
I am afraid (that) I'll be crazy about games. Mother ordered me
to keep regular hours. Have decided not to have a game for hours
together from now on. Am in no mood to see any friend. Have lost
interest in game.

**NOTES**

○ '…에 골몰하다'는 be absorbed in …이다.

○ …을 모르고 있다는 be not aware of …이다.

○ '…한다고 야단치다'는 bawl + 목적어 + out for 이다.

○ 규칙적인 생활을 하다는 keep regular hours 이다.

○ 몇 시간이고 계속해서 for hours together 이다.

○ …하는 게 싫어지다는 have lost interest in + 목적어 이다.

## 휴대전화 (A Call Telephone)
### 1월 21일 토요일 눈보라

나의 cell 전화가 울렸다. 친구 중 하나가 나를 만나고 싶다
고 했다. 나를 만나러 오겠다고 했다. 나는 그에게 어머님
께 말씀드려 맞이할 시간을 준비해야 한다고 했다. 어머님
께 말씀드려 맞이할 시간을 정하고 친구에게 알렸다. 나는
친구를 환대했다. (상감 모시듯 했다.)

**Sat. Jan. 21 Snowstorm**

My cell phone rang. One of my friends cell phoned to say that he
wanted to see me. He told me that he would come to see me. Told
him that I would have to talk to Mother and arrange a time to have
him over. Talked to Mother, arranged a time and let him know.
Treated him like a lord.

---

**NOTES**

◎ 휴대전화는 cell phone 이지만 동사로도 쓰여 전화하다로 쓰인다.

◎ that I would have to …는 that I'll have to의 과거형이다.

◎ 찾아 올 사람을 모실 시간을 준비하다(정하다)는 arrange a time to
have + 목적어 + over 이다.

◎ 연락하다는 let + 목적어 + know 이다.

◎ 정중히 귀한 손님으로 상감 모시듯 대접하다는 treat + 목적어 + like a
lord 이다. lord는 임금, 군주, 중요인물의 뜻이다.

## 강한 충동 (An Irresistible Urge)
### 1월 22일 일요일 맑음

스키 타러 갔었다. 친구중 하나가 나와 같이 스키 타러 가고 싶다고 휴대전화로 걸어왔다. 친구는 중학교 1학년 때부터 타기 시작해서 3년간 계속 타오고 있다. 나는 지금 배우는 중이라서 직선 안에서만 탈 수 있다. 스키리프트로 위까지 올라갔다. 이번이 스키장에 세 번째 가는 셈이다. 첫눈이 내릴 때면 스키 타러 가고픈 억누를 수 없는 강한 충동을 느낀다.

**Sun. Jan. 22 Fine**

Went skiing. One of my friends cell phoned to say that he wanted to go skiing with me. He first started skiing when he was in the first grade of junior high school, so he has been doing it for three years. Am just learning to ski and can ski only in a straight line. We went up to the top by ski lift. This will be my third time to the skiing ground. When the first snow falls, I feel an irresistible urge to ho skiing.

---

**NOTES**

- '중학교 1학년에 재학 중이다'는 be in the first grade of junior high school 이다.
- …하러 가고픈 강한 충동을 느끼다는 feel an irresistible urge to go + v ing

## 청소 (Cleaning)
### 1월 23일 월요일 때때로 구름

학교를 향해 집을 나서기 전에 방을 깨끗이 청소하고 가재 도구를 정리했다. 어머님이 나의 청소를 칭찬해 주셨다. 마당도 쓸고 꽃밭에 물도 주었다. 신문을 대강 읽고 뉴스를 텔레비전으로 들었다. 방과 후에 곧바로 귀가했다. 집에 도착하자마자 저녁을 먹고 따끈한 물에서 정신적 긴장을 풀었다.

**Mon. Jan. 23 Partly cloudy**

Just before leaving the house for school, swept the room clean and put the stuff in order. Mother praised me for my sweeping. Swept the yard and watered the flowers. Ran over the newspaper and listened to the news on television. After school, came right home. As soon as got home, had dinner and relaxed in a hot bath.

**NOTES**

○ …을 정돈하다는 put…in order 이다.
○ …가 …한 것을 칭찬하다는 praise + 목적어 + for + 목적어
○ 대충 훑어보다는 run over 이다.
○ 곧바로 귀가하다는 come right home = come straight home
○ '따끈한 욕조에서 긴장을 풀다'는 relax in a hot bath 이다.

# 세상 돌아가는 형편
## (What Is Going On In The World)
### 1월 24일 화요일 바람

학교에 가기 전이나 방과 후나 꼭 TV 뉴스를 듣는다. 나는 그날그날 세상 돌아가는 일을 TV 뉴스를 통해 알아둔다. 뉴스는 나의 일상생활에 교육적이며 아주 유익하다. 참고 되는 것이 많고 미리 주의도 준다. 미리 계획을 세우게도 한다. 또 대책을 세우게도 한다.

**Tue. Jan. 24 Windy**

Before leaving for school and after school, (I) never miss watching TV for news. Learn from news what is going on in the world. It is very informative for my everyday life. It furnishes me with much information, giving me warning as well. It helps (to) plan ahead and work out a countermeasure as well.

---

**NOTES**

◯ 꼭 ⋯한다는 never miss + v ing 이다.
◯ 세상 돌아가는 일들은 what's going on in the world 이다.
◯ 'A에게 많이 참고 되다'는 furnish A with much information 이다.
◯ giving me warning을 분사구문의 계속 용법으로 그리고 그 정보가 나에게 미리 경고해 주는 셈 이라는 뜻이다.
◯ 명사의 뒤에서 ⋯도는 as well 이다.
◯ '미리 계획을 세우다'는 plan ahead 이다. '세우다'는 work out 이다.

## 발걸음이 가벼웠다 (Had Light Feet)
1월 25일 수요일 때때로 구름

학교에 가기 위해 집을 나설 때 어머님이 잘 갔다 오라고 손을 흔들어 주셨다. 나도 안녕히 계시라고 손을 흔들어 드렸다. 발걸음이 가벼웠다. 행복하고 마음이 가볍고 (마음이 편하고) 모든 일이 잘될 것 같은 느낌이 들었다. 아니나 다를까 교장선생님이 나의 선행을 칭찬해 주셨다. 나의 예감은 항상 딱 들어맞는다. 머리가 좋은 것이 아닐까?

**Wed. Jan. 25 Partly Cloudy**

When left the house for school, Mother waved good-bye to me and I did the same to Mother. Had light feet. Felt so good, free and airy, everything-is-all-right. Sure enough, the headmaster praised me for my good conduct. My hunches are always right on the money. (I) Wonder (that I) have a head on my shoulders.

**NOTES**

- 잘 갔다 오라고 또는 잘 있으라고 손을 흔들어 주다는 wave good-bye to …이다.
- '마음 편하고 가벼운'은 free and airy 이다.
- 만사가 잘 풀릴 것 같은은 everything-is-all-right 이다.
- 바로 그 시간에 (장소)에의 뜻은 right on the money 이다.
- …이 아닐까(생각하다) 는 I wonder (that) 절이다.
- 머리가 좋다, 빈틈이 없다, 분별이 있다, 냉정하다는 have a head on one's shoulders 이다.

## 많은 음악 (A Great Deal of Music)
### 1월 26일 목요일 맑은 후 구름

수학문제로 머리를 혹사시켰다. 머리를 식히기 위하여 음악을 많이 들었다. 음악에 맞추어 홀로 춤을 추었다. 신이 났다. 기분전환으로 음악을 듣는 것만큼 효과적인 것은 없다. 복습도 하고 예습을 끝낸 후 일찍 잠자리에 들었다. 그리고 푹 잤다.

**Tue. Jan. 26 Fine later cloudy**

Overtaxed my brain because of a mathematical problem. Heard a great deal of music so (that) I could cool my head. Danced alone to music. Got in high spirits (Got elated). Nothing is more effective than to hear music for a change. After brushed up and prepared my lessons, went to bed early and slept like a top. (log)

---

**NOTES** ............................................................................................

- ◯ '머리를 혹사시키다'는 overtax one's brain 이다.
- ◯ …하기 위하여 so that+ 주어+can 이다.
- ◯ …하기 위하여 …하는 것 보다 더 …한 것은 없다는 Nothing is more + 형용사+than+to 부정사 for+ 목적어 이다.
- ◯ 복습하다는 brush up, review 등이 있다.
- ◯ 푹 자다는 slept like a top (log), sleep soundly 이다.
- ◯ 전력을 다하여, 맹렬히는 like everything 이다.

## 어머니에게 드릴 선물 (A Present For Mother)
### 1월 27일 금요일 맑음

어머님 선물로 목걸이가 어떨까? 오늘은 어머님 생일이다. 나이는 많으시지만 마음은 젊으시다. 참한 목걸이를 사드렸다. 무척 마음에 들어 하신다. 기쁜 일이다. 마음에 들어 하시니 기쁘다. 저녁에 생일파티를 열었다. 어머님은 만족의 미소를 지으셨다. 어머님 생일을 축하하여 우리들 각자는 시계 반대 방향으로 돌아가면서 노래 한곡씩 불렀다. 그리고 노래에 맞추어 춤도 추었다.


**Fri. Jan. 27 Fine**

How would a necklace do as a present for Mother? Today is Mother's birthday. She is old in years, but young in vigor. Bought her a fine necklace. She likes it very much. Am glad of it. Glad (that) she likes it. Threw a birthday party in the evening. Mother chuckled. For her birthday, each one of us sang one song going round counterclockwise and danced to a song.


**NOTES**

◎ '…로 …이 어떨까'는 How would a …do as …이다.
◎ '마음이 젊은'은 young in vigor 이다.
◎ 기쁜 일이군은 I'm glad of it 이다.
◎ '만족의 미소를 짓다'는 chuckle 이다.
◎ '…을 축하하여'는 in celebration of…와 in honor of…이다.

## 계단 꼭대기까지 (To The Stairhead)

**28**

1월 28일 토요일 흐린 후 개임

방과 후 집으로 오는 길에 지하철역 계단에서 한 노인이 멈춰 서서 숨을 돌리고 있는 것을 보았다. 계단을 오르는데 힘이 들어 보였다. 계단을 오르는데 힘이 드시냐고 물었더니 고개를 끄덕이셨다. 나는 노인을 부축해서 계단 꼭대기까지 올라갔다. 노인은 빙그레 웃으시고 나에게 인사를 하셨다. 나는 안녕히 가시라고 손을 흔들어 드렸다.

**Sat. Jan. 28 Cloudy later fine**

On my way home from school, saw an old man stopping and catching his breath on the steps of a subway station. It seems (that) he had trouble climbing steps. Asked him if he had trouble climbing steps. He nodded. Helped him go up the steps to the stairhead. he smiled and nodded to me. Waved good-bye to him.

**NOTES**

○ '멈춰 서서 숨을 돌리다'는 stop and catch one's breath 이다.

○ …ing를 각각 붙인 것은 지각동사 saw의 목적보어이기 때문이다.

○ …이었던 것 같다 또는 …인 것처럼 생각되었다는 It seem (that)+주어 +과거형 동사이다.

○ 계단 꼭대기까지는 to the stairhead 이다.

○ 인사하다, 고개를 끄덕이다는 nod 이다.

48

## 엑스레이 과 (The X-Ray Department)
### 1월 28일 일요일 눈

막내 동생이 밖에서 아이들과 놀고 있었는데 갑자기 울면서 들어와 왼쪽 손목과 왼쪽 팔꿈치가 몹시 아프다고 했다. 뒤로 넘어져서 다친 것이다. 어떤 나쁜 녀석이 밀쳐서 뒤로 넘어진 것이다. 병원에 데려가서 어디가 이상이 있는지 알아보는 게 좋겠다고 생각하고 병원에 데려갔다. 의사는 팔목 사진을 찍어보는 게 좋겠다고 했고, 간호사를 시켜 X-ray 과로 데려갔다. 다행히도 크게 다친 것은 아니었다.

**Sun. Jan. 29 Snowy**

My youngest brother was outside playing with other children, when all of a sudden came in crying and complaining of a bad pain in his left wrist and his left elbow. He fell and hurt himself. A bad guy pushed him and fell backward. I thought I'd better take him to the hospital to see what was wrong with him and took him to the hospital. Dr. Kim said he'd better take some pictures of it. A nurse took my brother to the X-ray department. Fortunately it was not serious.

---

**NOTES**

⊙ 넘어져서 다치다는 fall and hurt oneself 이다.
⊙ 뒤로 넘어지다는 fall backward, 벌렁 넘어지다는 fall flat on the back, 앞으로 넘어지다는 fall forward 이다.
⊙ 나는 …하는 게 좋겠다고 생각했다는 I thought I'd better + 동사원형이다.
⊙ '다친 부위의 사진을 찍다'는 take some pictures of it 이다.

## 앞을 못 보는 사람 (A Blindman)
### 1월 30일 월요일 가끔 구름

열차 안에서 장님 한 사람이 돈을 구걸하는 것을 보았다. 불쌍한 생각이 들어 천 원짜리 지폐 한 장을 통에 넣어주었다. 과거에는 번화한 거리에 앉아서 돈을 구걸하는 노인들이 있었는데 요즘은 그들이 거의 보이지 않는다. 거지와 같은 가난한 사람이 없이 누구나 고루 넉넉하게 지낼 수 있는 그런 시대가 왔으면 좋겠다.

**Mon. Jan. 30 Partly Cloudy**

In a train, saw a blindman begging for money. Touched with pity, put a one thousand won bill in the can. There used to be old people sitting on the busy streets, begging for money, but I hardly (seldom) see them these days. How we wish there were not such poor people as beggar and the time would come when we could live well evenly.

**NOTES**

◎ Touched with pity는 As I was touched with pity로 분사구문이다.
◎ …와 같은 …이 없이 …할 수 있는 때가 왔으면 좋겠다는 How we wish there were not such …as… and the time would come when we (I) could… 이다.
◎ 골고루 잘 산다는 live well evenly 이다.
◎ '불쌍한 생각이 들다'는 be touched with pity 이다.

## 담배꽁초 (A Cigarette-butt)
1월 31일 화요일 가끔 눈

학교에 가는 길에 검은 코트를 입은 한 중년신사가 길에 담배꽁초를 버리고 침을 뱉는 것을 보았다. 꼴불견이었다. 요즘 많은 사람들이 공중도덕심이 결여 되어 있어 걱정된다. 만일 침을 뱉고 담배꽁초를 버리다가 들켰다면 6만원의 벌금이 부과됐을 것이다.

### Tue. Jan. 31 Occasionally snowy

On my way to school, saw a middle-aged man in a black coat throw away a cigarette-butt and spit on the pavement. Couldn't bear to see. Am afraid that nowadays there are many people lacking in public morality. If he had been caught in the act of throwing away a cigarette-butt and spitting on the pavement, he would have been fined 60,000 won.

---

**NOTES**

- '꼴불견이다'는 can not bear to see 이다.
- 결여된 많은 사람들은 many people (who are) lacking in… 이다. '공중 도덕이 결여된'은 lacking in public morality 이다.
- '…하다가 들키다'는 be caught in the act of+ving 이다.
- 길 위에는 on the pavement 이다.
- 가정법 과거완료는 조건절에 If+ 주어 + had + p.p 이고 귀결절에는 주어 would, should, could, might+have+p.p 이다.

## 한 용감한 청년 (A Brave Young Man)

어느 때나 다름없이 조간 조선일보를 읽었다. 가슴에 와 닿
는 놀라운 기사 하나가 있었다. 허름한 옷차림의 술 취한
한 남자가 선로에 뛰어들었는데 그때 한 용감한 청년이 그
를 목격하고 위기일발에서 구해냈다. 그러고 보니 생각난
다. 재일한국인 유학생이 선로에 뛰어든 한 일본인을 구했
었다. 불행히도 그 학생은 그 사람을 구하려다 자신은 위험
에서 빠져나오지 못했다.

Read the morning Chosun-Ilbo as usual. There was an amazing
article which came home to my heart. A drunken man in rags (in
shabby clothes) threw himself on track, when a brave young man
saw him, saving him by a hair's breath That reminds me. A Korean
student (who was) studying in Japan saved a Japanese who threw
himself on track. Unfortunately the student failed of finding himself
way out of danger in the act of saving him.

**NOTES**

- 나의 가슴에 와 닿는 (가슴에 사무치는, 절실히 느껴지는)은 come home oneself on track 이다.
- '선로에 몸을 던지다' throw oneself on track 이다.
- 위기일발에서는 by a hair's breath 이다.
- …하다가 몸을 희생하다는 sacrifice himself in the act of+ 동명사이다.
- '위험에서 빠져나오다'는 find oneself way out of danger 이다.
- …에 실패하다, 이루지 못하다는 fail of+ 동명사이다.

52

MONTH.    DATE.

## 33 텔레비전을 켜 놓고 (With TV On)

운동하러 체육관에 갔었다. 운동하는 사람이 많았다. 거기
에 있는 운동기구를 최대한 이용했다. 식욕이 난다. 숙제를
했다. 숙제를 평소보다 좀 일찍 끝나고 싶었다. TV와 컴퓨
터가 없다면 이 세상은 참으로 따분해질 것이다. 잠자리에
서 TV를 보다가 잠이 들어버렸다. TV를 켜놓고 잠이 들었
다. 아무래도 운동을 무리하게 했다고 생각된다.

When to a gym for a workout. There were many people working
out. Made the most use of all the sporing goods there. My appetite
improves. Did my homework. Wanted to get my homework finished
a little earlier than usual. What a dreary world it will be with TV and
computer away! Fell asleep while watching TV in bed. Fell asleep
with TV on. Afraid I must have worked out too hard.

### NOTES

○ 운동은 a workout 이고 운동하다는 work out 이다.
○ '해치우다'는 get + 목적어 + finished 이다.
○ '···이 없다면'은 with + 명사 + away 이다.
○ 침대에 누워 TV를 보다는 watch TV in bed 이다.
○ TV를 켜놓고는 with TV on 이 불을 켜 놓고는 with the light on 이다.
○ 무리하다는 force oneself 이고 무리하게 운동을 하다는 work out too
  hard 이다.
○ dreary 따분한, 지루한, 적막한

## 미국의 역사에 관한 책
### (A Book On American History)

도서관에서 미국의 역사에 관한 책을 빌렸다. 영문으로 된 책이다. 처음에는 독해가 조금 어려웠지만 억지로 계속 읽어나갔다. 그랬더니 점점 더 재미있어져서 밤늦게까지 읽었다. 나는 많은 책을 읽었다거나 말을 세련되게 하고 있다고 생각하지 않는다. 가능한 많은 책을 읽도록 노력하겠다. 그 책을 읽고 미국이 찬란한 역사를 가진 나라라고 생각했다.

Took a book on American history from the library. It's written in English. At first found the book a little difficult to read and understand, but (I) forced myself to continue. It became more and more interesting and read it till late at night. (I) don't think I'm well-read and well-spoken. Will try to read as many books as I can. The book gave me an idea of the glorious history of the United States.

**NOTES**

- 억지로 …하다는 force oneself to …이다.
- 점점 더 재미있어지다는 become more and more interesting.
- '책을 많이 읽은'은 well-read 이다.
- '말을 세련되게 하는, 말을 점잖게 하는, 표준영어를 쓰는'은 well-spoken.
- The book gave me…는 사물주어이므로 목적어인 me를 주어처럼 주어인 The book은 부사처럼 해석한다. 즉 me를 「나는」으로 The book을 「그 책을 읽고」로 하고 끝에 가서 '…이 …라고 생각했다'로 한다.

## 35 교통사고 (A Traffic Accident)

이모부가 변을 당했다. 교통사고로 중상을 입었다. 몸을 다
치셔서 위로 해드리려고 병원을 다녀왔다. 팔과 다리에 온
통 깁스를 하고 계시다. 얼굴에는 붕대를 감은 상태다. 음
주 운전자가 그 사고를 일으켰다. 경찰이 음주 운전자에 대
한 강력한 단속을 해야만 한다. 침식을 잊고 이모부를 간호
하시는 이모님에게 힘을 내시라고 위로해 드렸다.


My uncle had an accident. He got seriously injured in a traffic
accident. I've been to the hospital to comfort him for his physical
injures. He wears plaster casts all over his legs and arms. He has his
face in bandages. A drunken driver brought about the accident. The
police should crack down on drunken drivers. Consoled my aunt
nursing my uncle without sparing herself.


### NOTES

○ 깁스를 하고 있다는 wear a plaster casts 이다.
○ …에게 …을 위로하다 comfort … for …이다.
○ 사고를 내다는 bring about the accident 이다.
○ '…을 강력히 단속하다, …을 엄하게 다스리다, 엄벌에 처하다'는 crack
  down on …이나 clamp down on …이다.
○ '낙담하거나 슬퍼하는 사람을 위로하여 힘을 내게 하다'는 console 이
  다.

**36** 제설차 (A snowblower)

자명종 소리에 잠이 깼다. 신선한 공기를 넣으려고 창문을 열었다. 심호흡을 했다. 눈이 많이 쌓여 있었다. 여기저기 눈 더미가 보였다. 제설차 한 대를 볼 수 있었다. 아스팔트 포장도로가 눈에 묻혔다. 폭설로 온통 교통이 두절되었다. 간밤 자정 경부터 쉬지 않고 계속 내리고 있다. 지겨운 눈이다!

Was awakened by the alarm clock's ringing. Opened the window to let in fresh air. Took deep breaths. Snow lay deep. Saw some snowdrifts here and there. Could see a snowblower. The asphalt pavement was snowed under. The heavy snowfall stopped all traffic. It has been snowing without (a) letup since about midnight last night. Damn this snow!

**NOTES**

○ 아기울음소리에는 by a baby's crying 이다.
○ 재설이나 바람으로 쌓인 눈 더미는 snowdrift 이다.
○ 눈을 공중으로 날려 길가에 쌓는 제설차는 snowblower
○ 눈 치우는 넉가래나 제설기는 snowblower 또는 snow plough 이다.
○ 끊임없이는 without (a) letup 이다.
○ (a) letup은 명사로 정지이다. let up은 동사로 쓰여 폭풍우 등이 자다, 가라앉다, 그만두다, 느즈러지다의 뜻이 된다.
○ be snowed under 눈에 묻히다.

## 자명종 (The Alarm Clock)

자명종이 울리지 않았다. 너무 깊은 생각에 잠겨 있다가 태엽 감는 것을 잊었다. 나는 이 학교에 입학한 이래로 지각한 일이 결코 없다. 하마터면 지각할 뻔했다. 어머님이 나에게 우체국에 가서 편지 한 통을 등기로 부쳐 주었으면 하셨다. 학교에서 집으로 오는 길에 우체국에 들러 그 편지를 등기로 부쳤다.

The alarm clock didn't go off. Was so absorbed in deep thought that (I) forgot to wind up. Have never been late for school since I entered this school. Was nearly late for school. Mother wanted me to take a letter to the post office and get it registered. On my way home from school dropped in at the post office and got it registered.

---

**NOTES**

○ '자명종, 경보기 등이 울리다'는 go off 이다. 이외에도 go off는 …에 흥미를 잃다, …이 싫어지다 등 광범위하게 쓰인다.

○ '하마터면 …할 뻔하다'는 주어＋be＋nearly …이다.

○ '등기로 부치다'는 get it registered, have it registered 이다.

○ 소포 우편으로 하다는 have (something) sent by parcel post 이다.

○ drop in 잠깐 들르다, 불시에 찾아가다.

58

## 38 가장 추운 겨울 (The Coldest Winter)

눈이 오기만 하면 꼭 펑펑 쏟아진다. 이번 겨울은 20년만의 추위라고 한다. 한강이 꽁꽁 얼었다. 나는 추워서 몸이 꽁꽁 얼었다. 눈이 와서 길이 미끄럽다. 몹시 미끄럽다. 너무 미끄러워서 차들이 벌벌 기어간다. 뒤로 넘어지지 않도록 조심하는 게 좋겠다.

It never snows but it falls thick and fast. They say (that) this is the coldest winter in 20 years. The Han Rivers is frozen hard (or Ice froze on the Han River) Am almost frozen with cold. The path is slippery with the snow. It's an slippery as an eel. It is so slippery that cars move at a snail's pace. Had better be careful not to fall over backward.

---

**NOTES**

○ …하면 반드시 …하다, …하지 않고는 …하지 않는다는 never …but …
= never …without+ving
○ 눈이 와서는 with the snow 이다.
○ 느릿느릿, 벌벌 기어는 at a snail's pace 이다.
○ 뒤로 넘어지다는 fall over backward 이다.
○ with는 원인을 나타내어 …으로 인해, … 때문에, …의 탓으로의 뜻이된다

## 39

### 몇 가지 사적인 질문
### (A Few Personal Questions)

켄터키 치킨 집에서 닭고기를 먹고 있었다. 한 미국 사람이 들어오는 것을 알아챘다. 그는 내 옆 테이블 걸상에 앉았다. 서로 모르는 사이여서 눈인사를 했더니, 그도 인사를 했다. 나는 그에게 나의 이름이 동호라고 했고 그의 이름이 Joe라고 했다. 사적인 질문을 좀 해도 좋으냐고 물었더니 승낙을 했다. 어디 출신이냐고 물었더니 뉴욕출신이라고 했다. 관광차 왔는지 사업차 왔는지 물었더니 관광차 왔다고 했다. 한국에는 얼마나 있을 계획이냐고 물었더니 10일간 있을 거라고 했다. 서로 떠나기 전에 내가 전화번호를 교환하자고 했더니 승낙을 했다. 그래서 이번 일요일에 무슨 약속이 있는지 물었더니 없다고 하여 집에 와서 저녁 식사를 같이 할 의사가 있느냐고 물었더니 꼭 하고 싶다고 하며 나에게 초대해주어 고맙다고 했다.

Was eating some chicken in a KFC house. Noticed an American coming in. He sat on the chair next to me. Since we haven't met before, (I) noticed him and hi did me, too. (I) told him my name was Dong-ho and he told me his name was Joe. (I) asked him if I could ask him a few personal questions. He said yes. (I) asked him where he was from. He told me he was from New York. Asked him if he was here on business or for sightseeing. He told me he was here for sightseeing. And (I) asked him how long he would stay in Korea. He told me he would stay here for 10 days. Before we left, (I) insisted we exchange phone numbers. He said yes. And (I) asked him if he bad anything on next Sunday. He told me he had nothing on. Then (I) asked him if he would like to come to my home for dinner. He told me he'd love to come and thanked me for inviting him.

- notice는 알아채다 외에 인사하다, 눈인사하다 이다.
- if는 …인지 (아닌지)의 뜻이 된다.
- '사적인 질문을 좀 해도 되겠습니까?'의 질문은 Can I ask you a few personal questions? 이다.
- 위 질문의 if절은 I asked him if I could ask him a few personal questions.이다.
- '당신은 어디 출신입니까'는 Where are you from? 이다.
- 간접화법 : I asked him where he was from
- 사업차 오셨습니까? 또는 관광차 오셨습니까?
- Are you here on business or for sightseeing? 이다.
- 간접화법 : I asked him if he was there on business or for sightseeing. 이다.
- How long will you stay in Korea?
- I asked him how long he would stay in Korea.

신입생 (A New Face)

신입생이 한사람 왔다. 인상이 마음에 들었다. 키가 190cm라니 놀랄 일이다. 농구를 좋아하느냐고 물었더니 굉장히 좋아한다고 했다. 농구와 배구 양쪽 다 좋아한다고 했다. 어쩐지 그가 나에게 크게 도움을 줄 거라는 생각을 해본다. 나에게 도움을 구할지도 모르겠다. (도움을 기대할지도 모르겠다) 이름이 김진구라고 했다. 전화번호도 알려주었다. 나는 전화번호를 알려주면서 아무 때나 전화하라고 말했다.

We have a new face. Liked his looks. It comes to something (when…) he is 190 centimeters tall. Asked him if he liked basketball. He told us he had something about basketball. He told us he liked both basketball and volleyball. Something tells me (that) he'll be of much help to me. He may look to me for help. He told us his name was Kim Jin-gu. He let us know his phone number as well. Letting him know my phone number, Told him to call me anytime.

**NOTES**

○ …을 굉장히 좋아하다, 사람을 끄는 무엇이 있다는 have something about …, have something about one 이다.

○ 어쩐지 나는 …일 것이란 생각을 해본다는 something tells me (that) … 이다.

○ …에게 …을 기대하다는 look to … for …이다.

○ '…라니 놀랄 (이상한) 일이다'는 We come to something (when)이나 또는 It comes to something (when…) 이다.

## 수 사나운 날 (An Off Day)

하학 후 귀가 길에 키 큰 두 학생이 길을 막고 버티어 섰다. 위험을 느꼈다. 겁이 나서 정신을 못 차렸다. 나와 대화하고 싶다는 것이다. 멈칫 멈칫 대답을 하지 않았더니 느닷없이 대단한 기세로 치려고 덤벼들었다. 더 이상 대처할 수 (버틸 수) 없어 결국 돈을 갈취 당했다. 수 사나운 날이었다.

On my way home from school, two tall students stood in the way. Was menaced. Was scared out of my senses. They wanted to talk with me. Hesitated to answer and suddenly they took punch at me like anything (like forty) Being at the end of my rope, Was blackmailed in the end. It was an off day.

**NOTES**

○ '위협을 느끼다'는 was menaced 이다.
○ 길을 막고 버티어서다는 stand in the way 이다.
○ '겁이 나서 정신을 못 차리다'는 be scared out of one's senses 이다.
○ 그러자, …하자는 and 이다.
○ 대단한 기세로는 like anything이나 like forty 이다.
○ 더 이상 버틸 수 없는 (대처할 수 없는), 인내력이 다하여는 at the end of one's rope 이다.
○ 갈취하다는 blackmail. 이다.
○ '끝에 가서는'은 in the end 이다.

# 개인 문제에 대한 조언
## (Advice On A Personal Problem)

전화벨이 울렸다. 좋은 친구인 경호였다. 개인적인 문제로 나의 조언을 필요로 했다. 그래서 거의 30분간 통화했다. 경호는 나의 좋은 친구 중 한사람인데 일찍 부모님이 돌아가셨다. 불행히도 요즘은 급우들로부터 따돌림을 당하고 있다. 오늘은 그를 제외하고 저희들 끼리 회식을 했다. 누가 그와 급우들 사이를 이간하는지 물었더니 일러주고 싶지 않다고 했다. 문제가 잘 해결 될 거라고 했더니 그러길 바란다고 했다. 그러나 그렇게 안심이 되지 않는다고 했다. 그에게 안심하라고 말했다.

The phone rang. It was my good friend, Kyung-ho. Kyung-ho needed some advice on a personal problem so we talked for almost half an hour. Kyung-ho, who is one of my good friends, lost his parents early in life. Unfortunately he has been alienated from his classmates. They left him out of their dining together today. Asked him who had alienated him from classmates. He said he would rather not tell me. Told him that problem would work itself out somehow. he said he hoped so but the he was not so sure about that. Told him to be at ease.

**NOTES**

○ …에 대한 조언은 advice on… 이다.
○ 거의 30분 동안은 for almost half an hour 이다.

- 거의 한 시간 동안은 for almost an hour 이다.
- '경호는 …인데'는 Kyung-ho, who is …이다.
- …에게(부터) 따돌림 당하다는 be alienated from …이다.
- 능동태는 다음과 같다 : 주어 + alienate A from B 로 주어는 A와 B를 이간하다로 된다.
- 주어가 A를 제외하고 저희들끼리만 B하다는 다음과 같다. : 주어 + leave + A + out of B + together 이다.
- …하고 싶지 않다는 would rather not + 동사원형이다.
- '일이 잘 해결되다'는 work itself out 이다.
- 그 일이 그렇게 안심이 안 되다는 be not so sure about that 이다.
- 안심하라고 또는 마음 놓으라고는 to be at ease 이다.
- 참고로 Sure는 Thank you에 응답으로 뭘요, 천만의 말씀으로 쓰인다. 또는 의향을 묻거나 제의하는 질문에 답할 때 좋고말고요. 물론이죠.의 뜻으로 쓰인다.

## 43 자장면 곱빼기 (Jajangmyun Double)

약속이 있어서 어머님은 외출하셨다. 근처 중국 음식점에
전화를 했다. 전화 받는 사람이 없다. 전화 소리가 한차례
울리더니 음성녹음이 들려왔다. "이것은 녹음입니다. 거신
전화번호는 바뀌었으니 114번에 전화해서 알아보십시오."
114번에 전화해서 바뀐 번호를 알아냈다. 알아보니 주인이
바뀌었다. 오늘은 점심식사로 자장면을 곱빼기로 먹었다.

Having something on, Mother went out. Dialed a nearby Chinese
restaurant. No one answer the phone. The phone rang once and a
voice said. "This is a recording. The number you're dialing has been
changed. Please dial 114 for further information." Dialed 114 and
got the new number. On inquiry, the landlord has been changed. Had
a jajangmyun double for lunch.

---

**NOTES** .............................................................................................................

○ 어머니는 약속이 있었다는 Mother had something on.

○ 위의 Having something on은 분사구문이다.

○ 한 번 울리고 녹음이 들렸다는 rang once and a voice said 이다.

○ '알아보니'는 On inquiry 이다. (그 외에도) 물어보니, '조사해보니'의
뜻도 된다.

○ 여관이나 음식점 등의 주인은 the landlord, the landlady.

○ 고용주는 the employer 또는 the master 이다.

○ 임자는 the owner.

○ '자장면 곱빼기 주세요.'는 I want my jajangmyun double 이다.

## 뉴욕으로의 출장
### (A Business trip To New York)

아버지는 2월 25일 판로개척 차 뉴욕으로 출장을 가신다. 공항에 전화해서 2월 25일 뉴욕 행 비행기 편에 대해서 알아봐 주었으면 하셨다. 아버지는 앵커리지를 경유해서 뉴욕으로 가시길 바라신다. 나는 공항에 전화해서 비행기 편을 물어봤다. 그 날에 두 편이 있는데 한 편은 오전 7시 그리고 오후 3시에 한 편이 있다.

Father is going on a business trip to New York for the purpose of finding a market. Father wanted me to call the airport and ask about flights for New york on February 25. Father wants to fly to New York via Anchorage. Called the airport and asked about flights There are two flights, one at 7a.m. and the other at 3p.m.

**NOTES**

◎ 출장가다는 go on a business trip to …이다.
◎ …을 경유하여 …에 가다는 fly to A via B 이다.
◎ …로 가는 직항 편은 a nonstop flight to… 나 through planes to… 나 direct flights to… 가 있다.

# 새로 개발된 베개
## (A Newly-Developed Pillow)

새로 개발된 베개를 샀다. 베개란 잘 때 머리를 받치는데 쓰이는 것으로 털이나 그 밖에 여러 가지 속을 채워서 만든 주머니이다. 그 베개는 새로운 특징이 있다. 목근육의 경직을 막고 혈액순환을 방해하지 않는다. 그리고 기분 좋게 (편안하게) 잘 수 있도록 몸무게나 체온에 있어서의 어떤 변화에도 잘 맞춰준다.

Bought a newly-developed pillow. Pillow is a case full of feathers, and all that used to support the head when sleeping. This pillow has new feathers. It prevents neck muscle rigidity and does not disturb blood circulation. And it adjusts us to any change in body weight and temperature so that we can sleep comfortably.

## NOTES

- 그 밖에 여러 가지는 and all that 이다.
- 이불이나 박제, 베개 등의 속은 stuff 이다.
- '목 근육 경직을 막다'는 prevent neck muscle rigidity 이다.
- 혈액순환을 방해하다는 disturb blood circulation 이다.
- 'A를 B에 맞추다'는 adjust A to B 이다.
- '우리가 …할 수 있도록'은 so that we can…이다.

## 갓 구워낸 샌드위치 빵
### (Sandwich Bread Fresh Out Of The Oven)

어머님이 빵집과 정육점에 가서 빵과 고기를 좀 사다주었으면 좋겠다고 하셨다. 샌드위치 빵 두덩어리와 불고기용 쇠고기 800그램이 필요하셨다. 샌드위치 빵은 솥에서 막 구워낸 것을 원하셨고 쇠고기는 연한 것으로 썰어왔으면 하셨다. 바이터 브레드라는 빵 한 덩어리를 샀는데 특별히 비타민이 많이 함유되어 있다.

  Mother wanted me to ho to the bakery and the butcher's shop for some bread and beef. She needed two loaves of sandwich bread and 800 grams of beef for roasting. Mother wanted sandwich bread fresh out of the oven and beef tender and sliced. Bought a loaf of bread called Vita Bread, which specially enriched vitamins.

**NOTES**

○ 불고기용 쇠고기는 beef for roasting 이다.
○ wanted sandwich bread fresh out of the oven 은 want + 목적어 + 목적보어의 문장이다.
○ wanted beef tender and sliced도 같은 문장이다.
○ Vita Bread, which …에서 which는 관계대명사의 비제한적 용법으로 그리고 그것은 으로 해석한다. (주격인 경우이다.)
○ enrich는 내용·질·가치 등을 높이다, 풍성하게 하다로 수동태가 되면 '…이 많이 들어있다'로 된다.

## 특별 동계 대매 (A Special Winter Sale)

어머님이 책가방과 신발 한 켤레를 사주신다며 새로 지은 고층 건물 백화점에 데리고 가셨다. 10층에서 특별 동계 대매가 진행되고 있었다. 여러 가지 상품을 일반적으로 팔고 있었는데 가방, 모자, 신발, 양말에서 부엌용 도구 등이었다. 백화점 옥상에 무엇이 있는지 보고 싶었다. 어머님과 같이 옥상에 올라갔다. 옥상 정원이 있는데 어린이 놀이터와 소동물원 불고기 식당이 딸려 있었다.

Mother took me to a newly opened high rise department store to buy me a schoolbag and a pair of shoes. A special winter sale was being held on the 10th floor. It was a general sale of various types of goods, ranging from bags, caps, shoes, socks to kitchen utensils. Wanted to see what was on the roof of the store. Went up to the roof with Mother, where there was roof garden, with a children playground, a miniature zoo and a bulgogi house.

### NOTES

- 새로 생긴 고층…는 a newly opened high rise…이다.
- 특별 동계 대매는 a special winter sale 이다.
- 행해지고 있다는 be being held 이다.
- …을 일반적으로 팔고 있다는 It's a general sale of …이다.
- '…에서 …까지 여러'는 ranging from …to …이다.
- 소동물원은 a miniature zoo 이다.

## 48 거의 수직에 가까운 절벽 (A Precipice)

침대에서 벌떡 일어났다. 꿈에 거의 수직에 가까운 절벽에서 떨어졌다. 감기기운이 있었다. 땀을 흘려 감기를 떼려고 줄넘기를 했다. 땀을 많이 흘리면 감기를 뗄 수도 있다. 아침에 땀을 흘리면 기분이 좋다. 그리고 이른 아침에 산책하는 것은 대단히 즐겁다. 물구나무서서 걷기도 하고 평행봉 운동도 했다.

Sprang out of bed. Fell over a precipice in a dream. Had a slight cold and had a jump rope to sweat it out. A good sweat often cures a cold. It feels good to work up a sweat in the morning and it is very nice taking a walk early in the morning. Walked on my hands and worked out on the parallel bars as well.

**NOTES**

- 낭떠러지 또는 거의 수직에 가까운 절벽은 precipice[présəpis] 이다.
- 벌떡 일어나다는 spring out of…, spring from …이다.
- 떨어지다는 fall over, step off
- 줄넘기하다는 have a jump rope, skip rope, jump rope 이다.
- 감기를 떼다는 cure a cold
- …하면 기분이 좋다는 It feels good to… 이다.
- 땀을 빼다는 work up a sweat 이다.
- …하면 대단히 즐겁다는 It is very nice v + ing 이다.

## 49 실내 수영장
### (An Indoor Swimming Pool)

동생과 같이 실내수영장에 갔었다. 나는 아마추어 치고는 괜찮은 편인데 동생은 아직 수영이 서툴다. 사람들이 많았지만 수영하는데 불편을 느끼지 않았다. 물이 생각보다는 더 따뜻했다. 입수하기 전에 가벼운 준비운동을 했다. 동생은 자유형만 할 줄 안다. 평영, 횡영, 접영, 배영 법을 가르쳐 주었다.

When to an indoor swimming pool with my brother. Am not bad for an amateur but my brother is still a poor swimmer. There were many people but experienced no inconvenience. The water was warmer than I thought. We warmed up before taking the water. My brother knows how to do only freestyle and Taught him how to do breast stroke, sidestroke, butterfly stroke and the backstroke.

---

**NOTES**

○ '…치고는 괜찮은 편이다'는 be not bad for…이다.
○ 불편이 없다, 불편을 느끼지 않다는 experience(suffer) no inconvenience 이다.
○ 가벼운 준비운동을 하다는 warm up 이다.
○ 입수하다는 take the water 이다.
○ 광천수를 마시다는 take the waters 이다.
○ '물새가 물에 들어가다, 배가 폭풍우로 물을 뒤집어쓰다'는 take water 이다.
○ 수영법은 stroke 이다.

## 50 아주 느릿느릿 (At A Snail's Pace)

늦게 잤더니 잠이 부족하다. 몸이 찌뿌드드했다. 신선한 공기를 마시려고 산책을 나갔다. 눈이 많이 쌓였다. 차들이 느릿느릿 움직였다. 기분이 좋아졌다. 넉가래로 눈을 치웠다. 아무도 시킨 사람이 없었다. 자진해서 했다. 어머님이 그 일로 칭찬해 주셨다. 유쾌한 기분으로 학교에 갔다.

Went to bed late and haven't had enough sleep. Was out of sorts. Went out for fresh air. Snow lay deep. Cars were moving at a snail's pace. Felt better. Swept away snow with a wooden shovel. No one put me to work. I did that of my own accord. Mother praised me for that. Went to school in a pleasant mood.

### NOTES

○ '기분이 언짢은'은 out of sorts 이다. '찌뿌드드한, 풀죽은, 활기가 없는' 도 같다.
○ 신선한 공기를 마시러는 for fresh air 이다.
○ '많이 쌓여 있다'의 현재형은 lie deep 이다.
○ 아주 느릿느릿은 at a snail's pace 이다.
○ 눈을 치우다는 sweep away snow 이다.
○ '일을 시키다'는 put + 사람 + to work 이다.
○ 자진해서는 of my own accord 이다.
○ 임의 자유의사 의 뜻으로 accord를 쓴다.
○ 유쾌한 기분으로 in a pleasant mood 이다.

## 51 차량 10대 연쇄추돌
### (Rear-end Chain Collision of Ten Vehicles)

동생과 배드민턴을 했다. 내기를 했다. 피자내기를 했다. 부끄럽게도 내가 저서 피자를 사주었다. 롤러스케이트를 탔다. 속도가 붙었을 때는 아주 신났다. 세상 돌아가는 걸 보려고 석간신문을 읽었다. 경부 고속도로에서 차량 10대가 연쇄 추돌하여 4명이 죽고 10명이 다쳤다. 그 뉴스가 신문에 크게 났다.

Played badminton with my brother. We had[made] a bet. Made a bet of pizza. To my shame, having lost the game, bought him pizza. Roller-skated together. When we gained in speed, we got into high spirit, Read an evening paper to see what's going on in the world. Four persons were killed and 20others injured on the Seoul-Busan Expressway in a rear-end chain collision of ten vehicles this morning. The news went into headlines.

### NOTES

- 내기를 하다는 have[make] a bet 이다.
- '속도가 붙다'는 gain in speed 이다.
- 신나다는 get into high spirit 이다.
- '세상이 어떻게 돌아가는지를'은 what is going on in the world 이다.
- …의 연쇄추돌사고에서는 in a rear-end chain collision of … 이다.
- 크게 보도되다 또는 대문짝만하게 나다는 go into headlines 이다.

## 52 밝은 초승달 (The Clear Young Moon)

간밤에 책을 읽다가 잠이 들었다. 밝은 초승달이 하늘에 떠 있는 것을 보았다. 하늘로 높이 솟아올라 나는 새처럼 날아다녔다. 좋은 일이 생길 거라는 예감이 들었다. 횡단보도를 건너가고 있을 때 지팡이를 짚고 걸어가는 한 노인이 미끄러져 넘어졌다. 아무도 안아 일으켜주지 않아 내가 거들어 일으켜 드렸다.

Read myself to sleep last night. Saw the clear young moon hang in the sky. Flew high up in the sky and flew about like a bird on the wing. Had a hunch that an auspicious event would happen. When crossing a zebra, an old man walking with a stick, slipped and fell. No one picked him up so I helped him up.

**NOTES** ............................................................................................................................

- '책을 읽다가 잠들다'는 read oneself to sleep 이다.
- '날아 돌아다니다'는 fly about 이다.
- 나는 새처럼은 like birds on the wing 이다.
- 횡단보도를 건너다는 cross a zebra 이다.
- 미끄러져 넘어지다는 slip and fall 이다.
- 거들어 안아 일으키다는 pick him up 이다.
- 회복시키다, 자립시키다는 set him on his feet 이다.
- '경사스러운 길조의, 행운이 트인'은 auspicious 이다.

MONTH.　DATE.

## 53  꼭대기가 눈으로 덮인 산
### (Snowcapped Mountains)

간밤 자정부터 눈이 오기 시작하여 아침에 7인치 두께로 쌓였다. 거리를 산책하는데 바람으로 쌓여진 눈 더미가 여기저기 보였다. 멀리 눈 덮인 산들이 보였다. 별안간 설상차를 타고 망망대해와 같은 설원을 끝없이 달려가고 싶었다. 오늘은 외출할 기분이 나지 않았다.

Began to snow since midnight and it had accumulated to the depth of about 7 inches by this morning. Walked about the streets and some snowdrifts were ween here and there. Some snowcapped mountains were seen in the far distance. Suddenly I felt like snowmobiling on a snowfield like a boundless ocean endlessly. Didn't feel like going out.

**NOTES**

◎ 설상차로 가다는 snowmobile 이다.
◎ 쌓였다는 had accumulated 이다.
◎ …의 깊이까지는 to the depth of …이다.
◎ 거리를 산책하다는 walk about the streets 이다. 바람으로 쌓여진 눈 더미는 snowdrift 이다.
◎ '눈 덮인'은 snowcapped 이다.
◎ 저 멀리 in the far distance 이다.
◎ …하고 싶어지다는 feel like ~ing 이다.
◎ '망망대해와 같은 설원 위를'은 on a snowfield like a boundless ocean 이다.

# 미옥이한테서 온 편지
## (A Letter from Mi-ok)

유학중인 김미옥이한테서 편지가 왔다. 마침 지난 일을 회상하고 있는데 편지가 왔다. 우리는 급우였다. 작년 이맘때 어느 날 우리는 눈싸움을 하고 있었지. 내가 던진 눈송이가 그녀의 코에 정통으로 명중되면서 그녀의 코가 온통 눈으로 덮였다. 나는 참다못해 웃음을 터뜨렸고 그녀도 웃음을 터뜨렸다. 내일 답장을 보내야겠다.

Got a letter from Mi-ok Kim studying in America. Her letter came at the very moment when I was thinking back. We were classmates. One day at this time last year we were playing snowballs. A snowball I threw hit her full on the nose and her nose was all covered with snow. Burst out laughing in spite of myself and she laughed out, too. Will send a reply to her.

## NOTES

- 마침 …하고 있는 데는 at the very moment when…이다.
- 지난 일을 회상하다는 think back 이다.
- 눈싸움하다는 play [at] snowballs
- 정통으로는 full 이다.
- 온통 묻다는 be all covered with …이다.
- 웃음을 터뜨리다는 burst into laughing 또는 laugh out 이다.
- …에 답장을 보내다는 send a reply to …이다.
- 참다못해는 in spite of oneself 이다.

## 55 개학식 (An Opening Ceremony)

겨울방학이 덧없이 지나가고 내일 개학이다. 개학식이 거행될 것이다. 어머님이 공부 잘하라고 하셨다. 학기말 시험 계획이 발표된 것이다. 매우 긴장된다. 내일부터는 더욱 분발해야겠다.

The winter vacation has passed all too soon. School begins tomorrow. An opening ceremony will be held tomorrow. Mother told me to work hard. The schedule of the final exams will be made public. Am all very tense. Will work extra hard from tomorrow.

**NOTES**

○ 덧없이는 all too soon 이나 before we know it 이다.
○ '개최될 것이다'는 will be held 이다.
○ 열심히 공부하다는 work hard 나 study hard 이다.
○ '발표될 것이다'는 will be made public 이고
○ 발표하다는 make public 이다.
○ 특히 열심히 공부하다 또는 더욱 분발하다는 work extra hard 이다.
○ 특히 열심히 해보다는 try extra hard 이다.
○ 열심히 하다는 bang away 이다.

## 체감 온도 (Effective Temperature)

입춘이 왔다. 입춘이기엔 너무 춥다. 이번 입춘 추위는 대단하다. 눈이 왔고 게다가 바람도 불었다. 체감 온도는 훨씬 낮다. 실제로 봄기운을 느끼는 때는 3월이다. 우리는 예로부터 입춘 추위가 있어왔다. 불원간 아낙네들이 봄나물을 캘 때가 올 것이다. 이제 좋은 때가 온다. 봄나물 무친게 먹고 싶다.

Ipchoon has come. It's too cold to be Ipchoon. This Ipchoon is severe. It snowed and there was wind to boot. The effective temperature is much lower. It is March that we actually feel a breath of spring. We have had Ipchoon frost[cold] since old times. (The) time will come when womenfolk pick young herbs. There is a good time coming. Feel like eating some seasoned young herbs.

**NOTES**

- ···이기엔 너무 ···한은 too ···to 부정사 이다.
- 게다가는 to boot 이다.
- 체감온도는 effective temperature 이다.
- 훨씬 낮은 much lower
- ···것은 바로 ···이다. It is ··· that 주어 + 동사 또는 It is ··· that+v 이다.
- ···한 때가 올 것이다. (The) time will come when ···이다.
- 무친 봄나물은 seasoned young herbs

# 57 사무치는 북풍 (Piercing North Wind)

사무치는 북풍이 불어서 추워 죽는 줄 알았다. 달력에 의하면 봄날은 이미 우리의 창가에 와 있지만 온기는 그리 쉽게 (곧) 올 것 같지가 않다. 한국의 봄은 제주에서 시작된다. 그리고 북상할 채비를 한다. 제주는 멀리 떨어져 있다. 언제 따뜻한 봄이 올지 모르겠다. 너무 추워 공부를 제대로 할 수가 없었다. 앞으로 당분간은 공부를 제대로 할 수 없을 것 같다.

Was freezing to death with a piercing north wind. According to the calendar, spring weather is already by the window but warm air does not seem likely to come so soon. Spring enters Korea through Jeju Island and gets ready to go up north. Jeju is a long way off. Don't know when warm spring will come. It was too cold to listen to the teacher properly. Cannot seem to listen to the teacher properly for some time to come.

## NOTES

- '사무치는'은 piercing 또는 biting 이다.
- 그리 쉽게 (그리 빨리)는 so soon 이다.
- 북상 준비를 하다는 get ready to go up north 이다.
- 멀리 떨어져는 a long way off 또는 quite a way off
- 공부를 제대로 하다는 to listen to the teacher properly 이다.
- …할 수 없을 것 같다는 can not seem to …이다.
- 앞으로 당분간은 for some time to come 이다.

## 58 상업지역의 화려한 아름다움
### (The Glitter of The Central Business District)

교보에 갔다가 오는 길에 미국인 한 사람을 알게 되었다. 관광객 같았다. 가는 방향이 나와 같았다. 그는 이태원의 지리나 사정에 어두웠다. 그에 반하여 나는 이태원의 지리나 사정에 정통하고 있다. 그래서 다음과 같이 말했다. (소개했다.) 이태원은 모든 외국 관광객들의 여행 스케줄에 예정되어 있습니다. 아마도 온갖 종류의 상품들이 외국 여행객들의 관심을 끌고 있는 모양입니다. 중심적인 상업지역의 화려한 아름다움은 없지만 골동품에서 맞춤옷, 가죽과 모피 제품에서 운동 상품과 기념품까지 골고루 있습니다. 핸드백이나 구두, 보석 또는 미술공예품을 사려면 더 멀리 찾아다니지 않아도 됩니다. 온갖 식당이 있고 이름만 대면 먹을 수 있는 각종 요리가 있습니다. 먹지 않고 가지고 가는 간단한 음식에서 제1급의 우수한 식당들이 있습니다. 저녁이 되면 이태원은 나이트클럽, 바 그리고 식당의 밝은 불빛이 그 지역을 환히 비추면서 동적인 놀이지역이 됩니다.

On my way home from Kyobo. Picked up an American. Looked like a visitor. He was going my way. He didn't know his way about Itaewon. On the contrary I know my way about Itaewon. So spoke[introduced] as follows :

Itaewon is on every visitor's itinerary. Perhaps a large variety of goods attract visitors. Itaewon does not have the glitter of the central business district but from antiques to custom-made clothing, from leather and furs to sporting goods and souvenirs, Itaewon has it all. If you're looking for handbags, shoes, jewelry or arts and crafts, look no further. There are all sorts of restaurants and you can eat every type of dish you can name. You'll find some simple takeouts and five-star restaurants. In the evening Itaewon changes over a dynamic entertainment district with the bright lights of nightclubs, bars, and restaurants illuminating the area.

**NOTES**

- ⊙ dynamic entertainment district 동적인 놀이지역
- ⊙ itinerary 여행스케줄, 여정, 여행기, 여행일기, 여행안내자
- ⊙ a large variety of goods 온갖 종류의 상품
- ⊙ attract visitors 관광객들의 관심을 끌다.
- ⊙ have the glitter of …의 화려한 아름다움
- ⊙ the central business district 중심적인 상업지역
- ⊙ have it all. 골고루 있다.
- ⊙ crafts 공예품
- ⊙ look no further. 멀리 찾아다니지 않다.

**NOTES**

- ⊙ …에서 …으로 오는 길에 또는 …에 갔다가 …으로 오는 길에는 on my way … from … 이다.
- ⊙ '사람을 알게 되다' 또는 '여자와 알게 되다'는 pick up 이다.
- ⊙ '…으로 보이다'는 look like a + 명사 이고 '…하게 보이다'는 look + 형용사 주격보어 이다.
- ⊙ 관광객, 손님, 유람객은 a visitor 이다.
- ⊙ 나와 가는 방향이 같다는 주어 + be + going my way 이다.

83

○ 그와는 반대로는 on the contrary 이다.

○ …의 지리와 사정에 정통하다는 주어+know my way about …이다.

○ 다음과 같이는 as follows 이다. 예정되어 있다는 is on 이다.

○ 모든 관광객의 여행스케줄은 every visitor's itinerary 이다.

○ '관심을 끌다'는 attract이고 '바이어의 관심을 끌다'는 attract buyers 이다.

○ …의 화려한 아름다움은 the glitter of …이다.

○ 가죽과 모피제품에서는 from leather and furs 이다. 맞춤 의류는 custom-made clothing 이다.

○ 더 멀리 찾아다닐 필요가 없다는 look no further 이다.

○ 이름만 대면 먹을 수 있는 온갖 요리는 every type of dish you can name 이다.

○ 미술제품과 공예품 또는 미술과 공예는 arts and crafts 이다.

○ …가 있다는 You'll find… 이다.

○ 먹지 않고 싸가는 간단한 음식은 simple takeouts 이다.

○ 제1급의, 우수한은 five-star 이다.

○ '사물 또는 기계장치 등이 …에서 …으로 자동적으로 바뀌다'는 change over 이다.

○ 동적인 놀이지역은 dynamic entertainment district 이다.

○ …의 밝은 빛이 그 지역을 환하게 비추면서는 with the bright lights of … illuminating the area 이다.

○ with+목적어+분사는 부대상황으로 우리말로 옮길 때는 목적이가 분사하면서로 한다.

○ with the bright lights of nightclubs, bars, and restaurants illuminating the area = with+목적어+분사

## 수학 시험 (Math. Exam)

간밤에 어설프게 잠들었다. 어머님께선 늘 잘할 수 있다는 자신감을 가지라고 말씀하셨다. 오늘은 웬만큼(필요한 만큼, 그런대로) 자신이 있는 수학시험이 있었다. 모두 걱정스런 표정이었지만 나는 이번에 조금 자신이 있었다. 내 옆에 있는 짝은 가슴이 두근거린다고 했다. 나의 학급의 대충 반이 수학시험을 골치 아픈 것으로 여긴다. 내가 얼마나 기뻤던 가를 말로 표현할 수가 없었다. 아니다 다를까 (예상했던 대로) 시험결과가 아주 성공적이었다.

Was half asleep last night. Mother told me to be always sure of my success. We had our math exam which I am strong enough. Everybody looked somewhat concerned but I was a little confident this time. The partner to me told me that his heart was throbbing. Roughly half of my class regard math exam as the most troublesome of our courses. Cannot tell how glad I was, The result was, just as[was] expected, very good.[very successful]

**NOTES**

○ somewhat 얼마간, 좀, 다소, 약간
○ This is somewhat different. 이것이 다소 다르다.
○ result 결과(opp. cause) 성과, 결말, 시험, 경기 등의 성적
○ without result 헛되이
○ The result was that … 결과는 … 이었다.
○ You look somewhat annoyed 너는 어쩐지 좀 난처한 표정이다.

○ '어설프게 잠들다'는 be half asleep 이다.

○ 늘 성공할 수 있다는 자신감을 가지다는 be always sure of~ success 이다.

○ 내가 웬만큼 자신 있는은 which I am strong enough.

○ 좀 걱정스러운 표정이다는 look somewhat concerned.

○ 조금 자신이 있다. be a little confident.

○ …의 짝은 the partner to… 이다.

○ 가슴이 두근거리고 있다고는 that his heart was throbbing 이다.

○ 대충 …의 절반수가는 about [roughly] half of …이다.

○ …을 …으로 여기다(생각하다)는 regard A as B 이다.

○ 우리의 학과 과목들 중에서 가장 골치 아픈 것은 the most troublesome of our courses 이다.

○ '내가 얼마나 …이던가'를 말로 표현할 수 없다는 can not tell how + 형용사 I was 이다.

★ 형용사 다음에 주어 + be동사는 바뀔 수 있다.

○ 아니나 다를까는 sure enough, just as[was] expected, as one[had] expected, as might have been expected 등이 있다.

○ '아니나 다를까 결과는'은 The result was, just as[was] expected, …이다.

○ '매우 만족스러운'은 very good 이다.

## 환절기 (The Change of Season)

모든 시험이 끝나서 홀가분한 기분이다. 무거운 책가방을 벗어 놓은 기분이다. 무리하게 공부를 했더니 건강이 안 좋다. 어머님이 환절기에 건강에 유의하라고 하셨다. 나한테 전화가 걸려왔다. 기수가 놀러오겠다고 전화해왔다. 기수는 나와 함께 커피라도 마시면서 기분전환으로 이런저런 이야기를 하고 싶어 했다. 나와 같은 생각이었다. 우리는 서로 텔레파시가 통하는 것 같다.

All exams being over, felt a load off my mind. Felt as if I had my heavy schoolbag taken off my shoulders. The overwork affected my health. Mother told me to take care of myself at the change of season. Was wanted on the phone. Ki-su telephoned me that he would come(to) see me. He wanted to have a this and that talk over coffee for a change. He talked my language. It seems (that) we were telepathized.

### NOTES

- 모든 시험이 끝났으므로는 As all exams were over
- 이를 분사구문으로 바꾸면 All exams being over
- 홀가분한 기분이다는 feel a load off my mind
- '마치 …한 기분이다'는 feel as if 주어 + had + 목적어 + 보어(과거분사 보어 등)
- this and that talk 이런 저런 이야기

- '무리하게 공부를 했더니 또는 무리하게 일했더니'는 The overwork… 이다.
- '악영향을 미치다'는 affect 이다.
- 돌보다는 take care of… 이다.
- 환절기에 at the change of season 이다.
- '전화가 걸려오다'는 be wanted on the phone 이다.
- 주어가 나에게 …하겠다고 전화했다는 주어 + telephoned me that 주어 + would + 동사원형 …이다.
- 밀린 이야기를 하다는 have a back talk
- 커피를 마시면서는 over coffee 이다.
- 기분전환으로는 for a change
- 기분전환은 a change 와 a recreation이 있다.
- 휴양하다는 take recreation 이다.
- 참고로 the change는 구어로 여성의 갱년기이다.
- '생각이 일치해있다 또는 기분이 서로 통하다'는 talk + 소유격 + language 이다.
- …인 듯하다. It seems (that) 주어 + 동사
- '텔레파시로 전하다'는 telepathize 이다.
- 텔레파시가 통하다는 be telepathized 이다.
- 텔레파시는 telepathy 이다.

### 성 발렌타인 축일 (Saint Valentine's Day)

오늘은 성 발렌타인의 날이다. 여성과 데이트하기를 은근히 바랬다. 전화가 걸려왔다. 미옥이가 데이트 신청을 해왔다. 보통은 남자가 여자에게 데이트를 신청하는데 이날만은 의례 여자가 남자에게 청한다. 이날은 사랑을 구가하는 날이다. 친구 하나는 여자한테 통 소식이 없다고 투덜거린다. 우리의 데이트는 오붓했다.

It is Saint Valentine's Day. Had a secret desire to date with a girl. Was wanted on the phone. Mi-ok asked me for a date. A boy usually asks his girl(friend) for a date but on this day a girl will ask her boy(friend) for a date. Today is the day when one's thoughts turn to love. One of my friends was grumbling for a message. Our date was a nice lot of.

**NOTES**

◯ 성 발렌타인 축일은 2월 14일 이 날 특히 여성이 남성 애인에게 선물이나 사랑의 편지를 보내는 관습이 있다. 성 발렌타인은 3세기경의 로마의 기독교 순교자이다.

◯ 남자 애인은 one's boy 이다.

◯ 여자 애인은 one's girl 이다.

◯ '데이트를 청하다'는 ask + 목적어 + for a date 이다.

◯ …하기를 은근히 바라다는 have a secret desire to do 나 have a sneaky urge to do 이다.

◯ sneaky [sníːki]는 몰래하는, 비열한이다.

○ urge [əːrdʒ]는 자극, 압박, 강한 충동, 몰아댐

○ urge는 타동사로 쓰이면 강력히 권하다, 충동하다, 설득하다, 죄어진다, 재촉하다, 몰아대다, 휘몰다

○ urge는 자동사로 쓰이면 (어떤) 충동을 받다, 충동을 받아 돌진하다, 서두르다, 역설하다.

○ will은 '의례 …하다'이다.

○ 이성에 호소하여 생각해 낸 것, 떠오른 생각은 thoughts 이다.

○ …에 의지하다, 일에 착수하다, …에 문의하다, 조회하다, 일을 시작하다는 turn to… 이다.

○ 없어서 투덜대다는 grumbling for … 이다.

○ 여자로부터 보내오는 선물이나 사랑의 편지나 전화 등이 a message 이다.

○ 오붓하다는 be a nice lot of 이다.

MONTH.   DATE.

## 62 혼자 외로이 살고 있는 노인
### (An Old Man Who Lives All Alone)

홀로 외로이 살고 있는 한 노인을 찾아갔다.(문병 갔었다.)
의지할 사람이 없다. 북한에서 단신 월남한 이후 남을 위해
서 살아왔다고 한다. 정부에서 생활비를 보조하고 있다. 월
25만원으로 생활해 가는데 더욱 나쁜 것은 방의 월세가 10
만원이다. 살기가 어렵다. (비참하게 살고 계시다.) 금일봉
을 드렸다. 그걸 받으시고 만족해 하셨다.

Visited an old man who lives all alone. He has no one to turn to. Was
told that he had lived for others since he came from North Korea all
alone. Government furnishes him with money for his support. He
lives but he lives on 250,000won a month. What is worse his room
rents at 100,000won a month. He is badly off [He leads a dog's life.]
Made him a gift of money. He was satisfied with it.

---

**NOTES** ....................................................................................................

- 병자를 문안가다 또는 찾아가다는 visit 인데 직무상 찾아가다, 시찰하
  러 가다, 조사하러 가다, 순시하다, 임검하다, 의사가 왕진하다의 뜻으
  로도 쓰인다.
- 다만 혼자서 또는 혼자 힘으로는 all alone 이다.
- (참고로) …은 말할 것도 없이는 let alone 이다.
- 의지할 사람이 없다는 have no one to turn to [depend on] 이다.
- 참고로 의지할 친척이 없다는 have no relatives to turn to 이다.
- 북한에서 월남하다는 come from North Korea 이다.

- A에게 B를 공급하다는 furnish A with B 이다.
- …의 생활 보조금은 money for his support 이다.
- …로 생활하다는 live on… 이다.
- 자기 수입으로 생활하다는 live on one's income 이고
- 주 50달러로 생활하다는 live on fifty dollars a week
- '설상가상으로 또는 공교롭게도'는 what is worse
- 같은 뜻으로 to make matters worse 가 있다.
- 집세란 명사로 rent 를 쓰는데 rent는 자동사로 쓰이면 at 이나 for 와 함께 '…로 임대되다'의 뜻으로 쓰인다.
- 참고로 rent + 목적어 + 전치사 + 목적어로 '…에게서 방을 세 얻다'로 쓰인다.
- 살기가 어렵다는 be badly off 이다.
- 금일봉을 주다는 make + 목적어 +a gift of money
- …를 받고 만족해 하다는 be satisfied with …이다.

## 63 구세군 (The Salvation Army)

저녁에 종로의 밤거리를 구경하러 갔었다. 노점들이 길가에 즐비했다. 색다른 (별스런, 눈에 선) 상품들이 눈에 띄었다. 그것들을 구경하는 것을 좋아한다. (즐긴다.) 두 사람의 구세군 장교가 설교를 하면서 열심히 종을 울려 사람들을 불러 모으고 있었다. 빈민 구제를 위해 만원을 기부했다.

In the evening went to Jongro to see night streets. Street stalls closely lined the streets. Some strange goods attracted my notice. Take pleasure in looking at them. Two officers of the Salvation Army were earnestly tolling in, preaching the gospel of God. Contributed [Gave] ten thousand won to relieving the poor.

### NOTES

- 밤거리를 구경하다는 see night streets 이고
- 야시를 구경하다는 to see night market 또는 night fair 이다.
- 노점은 a roadside stand 라고도 한다.
- 길에서 즐비하다는 closely line the streets 이다.
- 늘어서다 또는 늘어세우다는 line인데 즐비하다의 뜻이다.
- (예문을 들면) 차가 도로에 200미터나 늘어섰다. (즐비하다)는 Cars line the road for 200meters.
- '이상한 또는 색다른'은 strange 인데 호기심을 돋울 정도로 별난의 뜻으로는 curious를 쓴다.

○ '주의를 끌다 또는 눈에 띄다'는 attract one's attention 이나 attract one's notice 이다.

○ '…하는 것을 좋아하다, 즐기다'는 take pleasure in ing 이다. 같은 표현으로는 I like to 부정사와 I enjoy in ing가 있다.

○ 구세군은 전도와 가난한 사람들을 돕기 위하여 1878년에 영국인 William Booth가 조직한 군대식 기독교 단체이다. A military way Christian organization to spread religion and help the poor, founded in England in 1878 by William Booth.

○ 열심히, 진지하게 또는 진정으로는 earnestly 이다.

○ 종을 울려 사람을 부르다는 toll in 이다.

○ '종을 울려 사람들을 교회로 모으다'는 toll in people 이다.

○ 설교하다는 preach the gospel of God 인데 preaching …는 분사구문으로 …하면서 이다.

○ 복음 또는 그리스도의 교의는 the gospel 이다.

○ 돈을 기부하다는 contribute money 이고

○ '빈민을 구제하는데'는 to relieving the poor 이다.

★ contribute + 목적어 + 전치사 + 명사

# 64

## 어머니 마음을
### (What Is Working In Mother's Mind)

오늘은 일요일이다. 평소보다 늦게 일어났다. 학교에 가지 않고 집에 있었다. 밥을 먹지 않고 주스 한 잔만 조반식사로 마셨다. 동생도 역시 밥을 먹지 않고 커피 한 잔만 마셨다. 어머님이 우리에게 호통을 치셨다. 만사가 우리에게 불리했다. 때를 거른데 대해서는 핑계가 없었다. 우리는 어머니 마음을 안다. 어머니는 우리를 위하는 마음에 그러셨다.(호통을 치셨다.)

It is Sunday. Got up late than usual. Didn't go to school but stayed at home. Didn't have rice but drank only a glass of juice for breakfast. My brother didn't s have rice either but drank only a cup of coffee. Mother bawled us out. Everything told against us. We had no excuse for skipping breakfast. We know what is working in mother's mind. She did so out of concern for us.

## NOTES

○ …하지 않고 …하다(했다)는 …not …but …이다.

○ 학교에 가지 않고 집에 있었다는 did not go to school but stayed at home 이다. 반대로 집에 있지 않고 학교에 갔다는 did not stay at home but went to school이 된다.

○ '호통 치다'는 bawl out 이다. 또는 come down on이 있다. '…에 대하여 호통 치다'는 bawl ~out for… 이다.

○ 그는 그녀의 잘못에 대해 호통을 쳤다는 He bawled her out for her mistake.

○ (참고로) bawl은 소리쳐 팔다, 고함치다, 외치다, 울부짖다, '엉엉 울

다'의 뜻도 있다.

- 마구 떠들어 대다는 bawl and squall 이다.
- …에게 불리하다는 tell against …이다.
- tell은 (불리하게) 작용하다의 뜻으로 쓰이는데 tell + 전치사 + 명사의 형태로 쓰인다.
- …에는 핑계가 없다는 have no excuse for …이다.
- '아침을 거르다'는 skip breakfast 이다.
- …의 마음을 안다는 주어 + know what is working in ~ mind 이다. 여기서 work 동사는 '사람이나 감정 등을 움직이다 또는 흥분시키다'의 뜻이다.
- A는 B를 위하는 마음에서 …를 하다(했다)는 A + 동사 out of concern for B 이다. concern은 명사로 관심, 염려, 걱정, 근심의 뜻이고 out of 는 원인, 동기를 나타내어 …에서, … 때문에
- 필요에 의해서는 out of necessity 이고 친절에서는 out of kindness 이고 호기심에서는 out of curiosity 이다.

## 음력설 (Lunar New Year's Day)

오늘은 음력설이다. 온 식구가 4시 30분경에 일어나 한복을 입고 할아버지 할머님께 제사를 지냈다. 제사는 오랜 전통이다. 부모님께 세배를 하고 세뱃돈 5만원을 받았다. 떡국을 먹고 식혜, 수정과 그리고 떡 같은 특별히 만든 음식을 먹었다. 한국 사람들은 전통을 존중한다. 대부분의 사람들이 음력설을 쉰다. 물론 상당수가 양력설을 쇠기도 한다.

Today is Lunar New Year's Day. All family got up at about 4:30 and put on Korean clothes. Held a memorial service for our dead grandparents. Memorial service is a time-honored tradition. Offered New Year's greetings to Father and Mother and was given 50,000won as a Sebaedon. Had rice-cake soup and ate specially made food like fermented rice punch, soojunggwa and rice cakes. Korean people make much of tradition and most people celebrate Lunar New Year's Day. A number of people, of course, celebrate Solar New Year's Day.

### NOTES

○ …의 제사를 지내다는 hold a memorial service for…
○ 오랜 전통은 a time-honored tradition 이다.
○ 세배하다는 offer New Year's greetings
○ '세뱃돈 …를 받다'는 be given … as a Sebaedon 이다.
○ …와 같은 특별히 만든 음식은 specially made food like …이다.
○ '식혜는 fermented rice punch 인데 fermented는 발효시킨'의 뜻이고

punch는 음료의 뜻이다.

(참고로) ferment는 술 등을 발효시키다 또는 사람의 감정을 자극하다, 끓어오르게 하다이고 명사로는 효소, 발효, 소란, 소요의 뜻이다.

○ '…을 중요시하다, …을 크게 이용하다, 애지중지 하다, …을 존중하다, …을 떠받들다'는 make much of …이다.

○ '설을 쇠다'는 celebrate 인데 식을 올려 …을 축하하다, 의식, 축전을 거행하다, 승리, 용사, 공훈 등을 찬미하다, 기념일을 축하하다 이고

○ 구어로 '유쾌하게 마시고 놀다 또는 축제 기분에 젖다'의 뜻이다.

○ 상당수의 …는 a number of …이다.

○ 양력은 the solar[Julian] calendar 이고 음력은 the lunar calendar 이다.

○ 양력을 쓰다는 follow the solar calendar

○ 음력을 쓰다는 follow the lunar calendar 이다.

## 일기예보 (The Weather Forecast)

벌써 우수다. 우수에 맞지 않게 서리가 많이 내렸다. 우수는 북부지방에는 어울리지 않지만 눈이나 서리가 없는 제주 지방에는 어울리는 듯하다. 봄이 북상하고 있는 것은 틀림없지만 서울은 우수가 지난 후에도 무척 오랫동안 눈과 서리가 지속된다. 오늘밤에 눈이 온다는 일기예보다.

It is already Usu. There was a heavy frost improper for Usu. The word "Usu" does not go with the northern provinces but may go with Jeju province where there would be no snow or frost. Spring must go up north but even after Usu, snow and frost will last for much longer in Seoul. The weather forecast predicts snow tonight.

**NOTES**

○ …에 어울리지 않게는 improper for …이다.
○ improper는 사실, 규칙 등에 맞지 않는 또는 어울리다, 조화하다는 go with …이다.
○ may는 타당성이나 가능을 나타내어 '…할 수 있다'인데 이는 예스러운 용법이므로 지금은 can을 쓴다.
○ 그러나 …와는 어울릴 수 있다. but may go with …
○ 눈이나 서리가 없는 제주도는 Jeju province where there would be no snow or frost이다.
○ …임에 틀림없다는 must이다.

- 북상하다는 go up north 이다.
- even after는 …이후에도, …이후까지도 등이다.
- 부사 even은 수식하는 어구 앞에 높여 사실, 극단적인 사례 등을 강조하여 '…마저도, …조차도, …까지도'의 뜻이다.
- Usu는 Rain-fall 이다.
- 의례 …동안 지속된다는 will last for …이다.
- much는 비교급 앞에서 '훨씬 또는 더욱'의 뜻이다.
- 비교급을 수식하는 부사로는 much, still, far, even 그리고 yet이 있다.
- '일기예보에 의하면'은 according to the weather forecast 인데
- 구어에서는 The weatherman says …이다.
- 예보하다, 예언하다는 predict 이다.
- 유의어로 foretell이 있다.
- 예언자, 예보자는 predictor 이다.

## 가습기 (A Humidifier)

7시 정각에 일어났다. 몸에 열이 좀 있고 기침이 좀 났다. 우선 어머님께 알리고 학교에 전화를 해서 병결을 알렸다. 어머님이 의사의 진찰을 받아보라고 해서 오전에 병원에 다녀왔다. 팔에 주사를 맞고 처방전을 받아왔다. 근처 약국에 가서 약사에게 처방대로 약을 조제하도록 했다. 의사가 방안 공기가 너무 건조하면 안 되니까 가습기를 계속 가동시키라고 명령했다. 해마다 이맘때면 늘 바람이 몹시 분다.

Got up at seven sharp. Had a little fever and a cough. First of all let Mother know and called in sick. Mother told me to go see a doctor. Have been to the hospital in the morning. Had a shot in the arm. The doctor wrote me out a prescription. Went to a nearby drugstore and had a pharmacist compound some medicine as prescribed by the doctor. The doctor ordered me to keep the humidifier running all the time to keep the air in the room from getting too dry. It generally blows hard at this time of the year.

### NOTES

- 7시 정각에는 at exactly seven o'clock 도 좋다.
- have 동사는 이미 병에 걸려있다는 뜻으로 쓰인다.
- 우선은 before everything도 좋다.
- (예문을 들면) 나는 집에 오자마자 우선 숙제를 해치운다. Before everything I always get my homework done as soon as I get home.

○ '…에게 알리다'는 let+목적어+know 이다.

○ '전화로 병결을 알리다'는 call in sick 이다.

○ 의사의 진찰을 받으러 가다는 go see a doctor 이다.

○ 구어에서는 go, come, run, send, try 등의 동사 뒤에서는 to 없이 보통 쓰인다.

○ 찾아오세요. Please come and see me. Please come to see me. Please come see me.

○ 다녀왔다는 have been to 장소인데 경험을 말할 때는 가본 적이 있다는 뜻이 된다.

○ '주사를 맞다'는 have a shot이고 주사를 놓다(하다)는 give (a person) a shot 이다.

○ '…에게 …병에 대한 처방을 써주다'는 write[make out] a person a prescription for+병명 이다.

○ '약사에게 의사의 처방대로 조제시키다'는 have a pharmacist compound[prepare] as prescribed by the doctor 이다.

○ 계속 …하게하다, …해놓다 등은 keep + 목적어+ing

○ A가 B 하는 것을 막다(A가 B하면 안되니까)는 keep+목적어 + 전치사(from)+명사 이다.

## 68 앙상한 가지들 (Gaunt Branches)

평소처럼 일찍 일어났다. 바람이 윙윙 거리고 있었다. 앙상한 가지들이 내가 몸을 흔드는 것처럼 흔들리고 있었다. 어머님이 시험결과는 어떻게 됐는지 물으셨다. 시험결과는 오늘 발표 될 것이라고 했다. 어머님은 늘 내가 잘 되기를 바라신다. 이번 시험에 자신이 있다. 어머님이 계속 관심을 가져오신 시험 결과는 잘 나왔다. 유감스럽게도 동생의 시험결과는 신통치 않다(잘 안 나왔다.)

Got up early as usual. The wind was howling. The gaunt branches were swaying about in the wind like I sway myself. Mother asked me how I made out in the exams. Told her (that) the exam results would be made public today. Mother always wishes me will. I'm sure I have done well in this exams. The exam results about which mother has been concerned constantly came to good. To my regret, the exam results of my brother came to no good.

### NOTES

- ○ 좋은 성적으로 시험에 합격하다는 pass the exams with high grades 이다.
- ○ '윙윙거리다, 사람이 울부짖다, 악쓰다, 짐승들이 소리를 길게 뽑으며 짖다, 호탕하게 웃다, 소리 질러 침묵시키다'의 뜻으로 howl이 쓰인다.
- ○ 말라빠진, 여원, 수척한은 gaunt 이다.
- ○ 뒤흔들다, 동요시키다, 흔들리다, 동요하다로 sway가 쓰인다.

- sway oneself로 '몸을 흔들다'의 뜻이 되고 sway는 자동사로 '들썩들썩하다, …으로 기울다, …에 맞추어 몸, 머리 등을 움직이다, 흔들다'의 뜻이 된다.

- make out은 성취하다, 달성하다, 기초하다, 작성하다, 이해하다, 입증하다, 변통해 나가다 등이 된다.

- '발표되다'는 be made public 이다. 능동형은 make public 이다.

- wish + 목적어 + well은 목적어가 잘되길 바라다

- be concerned about …은 …에 관심을 가지다, …을 걱정하다의 뜻이다.

- 전치사 about이 관계대명사 앞으로 이동한 것이다.

- 어머님이 계속 걱정해온 시험결과는 the exam results about which Mother has been concerned constantly이다.

- 결과가 신통하다.(좋다. 잘나오다.)는 come to good 이고 결과가 신통치 않다, 안 좋다, 잘 안 나오다는 come to no good 이다.

MONTH.   DATE.

## 조깅 (Jogging)

평소처럼 조깅하러 갔었다. 이제 날씨가 따뜻해 졌으니까 꼭 거르지 않고 해야겠다. 조깅이 점점 재미(흥미)있어진 다. 아침에 일어났을 때 속이 답답해서 기분이 나빴다. 조 깅을 하고나니 정말 기분이 상쾌했다. 오늘은 귀염둥이(애 완동물)도 데리고 나갔는데 썩 좋은 기분이었다. 개가 기 를 쓰며 세게 끄는 바람에 끌려갔다. 잡아끄는 모습이 마음 에 들어 싱글싱글 웃으며 끌려갔다.

Went jogging as usual. Now that the weather is warmer, Will never miss jogging. I have got more and more interested in jogging. When got up, felt heavy and felt bad. Felt refreshed after jogging. Today took out my pet as well. He was in high spirits. He pulled with all his strength and was being pulled. Liked the way[form] he pulled and was pulled on the broad grin.

**NOTES**

- ···하러 가다는 go + 동사ing 형을 쓴다. 쇼핑가다는 go shopping 이고 사냥하러가다는 go hunting 이다.
- 이제 ···이니까, ···인 이상은 now that ···이 쓰인다.
- 꼭 거르지 않고 ···하다는 never miss + 동사ing 이다.
- 점점 재미(흥미) 있어지다는 get more and more interested in ···이다.
- 속이 답답하다는 feel heavy 이다.
- 기분이 나쁘다는 feel bad 이다.
- 가슴이 답답하다는 feel heavy in the chest 이다.
- 걱정으로 가슴이 답답했다는 cares weighed heavily on me 이다. 기분

이 상쾌(시원)하다는 feel refreshed 이고 기분이 정말 좋다는 reel real good 이다.

◎ 데리고 나가다는 take out 이다.

◎ …도는 as well (명사 뒤에 놓인다.)

◎ '썩 좋은 기분이다'는 be in high spirits 이다.

◎ '기를 쓰며'는 with all his strength 이다.

◎ '끌려가고 있었다.'는 과거 진행 수동태로 be being+과거분사 이다.

◎ …가 …하는 식(풍, 꼴, 모양) 은 the way+주어+동사나 the form+주어+동사 이다.

◎ 그녀가 미소 짓는 모습이 마음에 든다는 I like the way she smiles.

◎ 끌려갔다는 과거수동태로 was[were]+과거분사 이다.

◎ 싱글싱글 웃으면서는 on the [broad] grin

## 70 술 취한 사람의 귀에 거슬리는 목소리
(The Discordant Voice of A Drunk)

날씨가 따뜻해 좋았다. 자명종 울리는 소리에 잠이 깼는데 그 때 전화벨이 울렸다. 그래서 재빨리 침대에서 뛰어 나와 수화기를 들었다. "여보세요! 거기가 김씨 댁인가요?" 술 취한 사람의 듣기 싫은 목소리가 들려왔다. 여기는 김씨 댁이 아니고 한씨 댁입니다. 전화 잘못 거셨습니다. 라고 무뚝뚝하게 말하고 전화를 끊었다. 기분이 찜찜했다.

It was nice and warm. Was awakened by the ring of the alarm clock, when the telephone rang. So jumped out of the bed quickly and picked up the receiver. "Hello! Is this Mr. Kim's?" A drunken man's discordant voice was heard. This is not Mr. Kim's but Mr. Han's. You have the wrong number. said bluntly[stiffly] and hung up. Felt awkward.

---

**NOTES**

○ nice and 구어로 쓰여 충분히, 매우, …해서 좋다.
○ 잠에서 깨다는 be awakened from sleep 이다.
○ awaken은 타동사로는 '깨우다, …에게 자각시키다, 깨닫게 하다, 눈뜨게 하다'이고 자동사로는 '깨다, 자각하다, 눈뜨다, 깨닫다'의 뜻이다.
○ discordant(음성이) 귀에 거슬리는, (생각이) 일치하지 않는, 사이가 나쁜
○ '침대에서 뛰어나오다'는 jump out of the bed 이다.
○ '수화기를 들다'는 pick up the receiver 이다.
○ 전화로 거기가 …이냐는 Is this…?

○ Mr. Kim's 는 Mr. Kim's residence 즉 김씨 댁을 뜻한다.

○ residence는 주택, 주거, 주소, 거류, 주재, 특히 크고 좋은 대저택의 뜻이며 an official residence는 공관, 관저의 뜻이다.

○ 듣기 싫은 목소리로는 in the ugly[discordant] voice

○ '…가 아니고 …이다'는 …not …but …이다.

○ '이분은 김씨가 아니고 한씨입니다'는 This is not Mr. Kim but Mr. Han. 이다.

○ 동사 ring은 방울, 종 등이 울리다, 울다, 벨을 울려서 부르다, 소집하다, …에 전화를 걸다, 사람을 전화로 불러내다 (up) 등이다.

○ 명사의 ring은 종, 벨 등의 울림, 울리는 소리, 전화 벨소리를 뜻한다.

○ a ring으로 전화걸기 등이며 그 외에 고리, 고리모양의 것, 반지, 귀고리, 코걸이, 팔찌, 소의 코뚜레, 연륜, 나이테

○ the ring으로 프로권투/ 원형의 경기장, 권투, 레슬링의 링, 투우장, 경마장, 곡마장 등이다. 투우장은 bullring

○ be in the ring …는 …의 선거에 출마하고 있다.

○ bluntly는 퉁명스럽게, 무뚝뚝하게

○ stiffly는 딱딱하게, 완고하게

○ awkward는 불편한, 거북한, 꼴사나운, 서투른

○ feel awkward 어색해하다, 찜찜해하다.

# 애국심에 관한 문제
## (A Matter of Patriotism)

오늘은 삼일절 1919년 3월 1일 독립운동을 기념하는 날이다. 우선 국기를 내걸었다. 집집마다 깃발이 보였다. 국기 내거는 것을 소홀히 하는 이웃들이 더러 있다. 그들은 국경일에 관심이 없다. 당연한 일이고 애국심에 관한 문제이다. 국기조차 내걸지 않다니 개탄해 마지않을 일이다. 우리는 그들을 깨우쳐 주어야 한다.

Today is Samiljul, the anniversary of the Independence Movement of March 1st in1919. before everything put up the national flag. Saw flags at every door. There are some neighbors who neglect to put up the flags. They care nothing for national holidays. A matter of course and it's a matter of patriotism. It is really a matter for regret that they should neglect to put up even the flags. We should open their eyes. [bring them to their senses]

**NOTES**

- ⋯의 기념일은 the anniversary of
- 우선은 first of all 이나 before everything 이다.
- '기를 올리다'는 put up the flag이고 기를 내리다는 take down a flag 이다.
- '보이다'는 see 과거는 saw 이다.
- 집집마다는 at every door 이다.
- '돛이나 기를 올리다'는 hoist 동사도 쓴다.
- hoist sails는 돛을 올리다 이다.

- hoist down은 끌어내리다.
- 동사 hoist는 '말아 올리다, 끌어올리다, 감아올리다, 들어 올리다'의 뜻이, 명사로는 감아올리는 기계나 기계장치의 뜻이 된다.
- neglect to do는 '…하는 것을 소홀히 하다, 게을리 하다, …하는 것을 잊다'의 뜻이다.

  태만하여 …하지 않다는 neglect+~ing 이다.
- 관심이 전혀 없다는 care nothing for…, I couldn't care less 나는 전혀 관심이 없다.
- '…에 마음 쓰다' 또는 관심을 가지다는 care about…
- '…에 관심이 있다'는 have [an] interest in… 이다.
- '관심을 끌다'는 arouse one's interest in …이다.
- '관심을 두다'는 take[have] an interest in …이다.
- '관심을 보이다'는 show[display] interest in …이다.
- '깊은 관심을 가지고 보다'는 watch with deep concern
- 관심이 높아지다는 take[have] a growing[increasing] interest in …이다.
- …의 문제이다. It is a matter of …
- '깨우쳐주다'는 open ~eyes 또는 bring ~to ~senses이다.
- '일반의 관심의 대상이 되다'는 become the center of public interest 이다.

# 나라에 대한 사랑
## (Love For Our Country)

나라사랑을 주제로 한 선생님의 말씀을 경청했다. 3·1절에 국기를 게양했었는지 물으셨다. 국기를 내걸지 않은 학생이 더러 있었다. 국기를 게양한다는 것은 나라에 대한 사랑 곧 애국심을 갖는 것이다. 애국심을 갖는 방법은 많다. 예를 들면 이웃을 깨끗이 하는 것부터 조국을 지키는 일까지 다 된다고 본다. 앞으로는 나라사랑에 관심을 두어야겠다.

Listened to what the teacher said based on love for out country. The teacher asked us if we had put up the national flags. There were[We got] some students who had not put up the flags on Samiljul Day. Hoisting the national flag means you have patriotism, love for your country. There are lots of ways to have patriotism. For example, anything from keeping your neighborhood clean to defending your country. From now on, Will take [an] interest in love for our country

### NOTES

○ …을 경청하다는 listen intently to… 이다.
○ intently는 골똘하게, 여념 없이의 뜻이다.
○ 선생님 말씀은 what our teacher says 이다.
○ …를 주제로 한은 based on… 이다.
○ 나라사랑은 love for one's country 이다.
○ 앞으로는은 from now on [forwards] 이다.
○ …에 관심을 두다는 take [an] interest in 이다.

- ···에 대한 사랑, 애정, 호의는 love for···인데 love of···, love to···, love toward[s] 등이 있다.
- ask A if ···A에게 if 이하를 했는지 안했는지 묻다. ···있다는 there is [are]
- 기를 올린다는 것은 은 Hoisting the flag 이다.
- 애국심을 가지다는 have patriotism 이다.
- ···하는 방법이 많다는 There are lot's of ways to···
- 예를 들면 for example, for instance 이고
- 예를 들다는 take[cite, give, draw] an instance[example] 이다.
- 나는 아내를 예를 들면은 take my wife for example
- 나는 소형차의 예로 tico 차를 들었다.
  I instanced a tico as a small-sized[baby] car.
- ···부터 ···까지는 from··· to··· 이지만
- ···하는 것부터 ···하는 것까지는 anything from ~ing ···to ~ing 이다.
- 타동사 keep는 keep+목적어+목적보어의 꼴로 어떤 위치, 관계, 상태로 유지하다. 두다, ···하여 두다의 뜻
- 당신의 방을 깨끗이 유지하는 것부터 정해진 날짜에 세를 내는 것까지는 anything from keeping your room clean to paying the rent on the fixed date.

## 새봄맞이 청소 (New Spring Cleaning)

요 몇 일간 날씨가 더할 나위 없었다. 계속 그랬으면 좋겠다. 동생과 나는 종일 새봄맞이 청소를 했다. 둘이 하기엔 벅찬 일이었다. 모든 것이 뒤죽박죽이었는데 이젠 마음에 든다.(보기 좋다.) 겨울 물건들을 치우고 봄철 용품을 꺼내니까 아주 좋다. 기분이 아주 좋아졌다. (기분이 아주 새로워졌다.) 책이 읽고 싶어진다. 모든 방이 청소가 잘됐다. 거실 양탄자를 진공청소기로 청소했다. 어머니한테 칭찬을 받았다.

For the past few days the weather has been just perfect. Hope it continues this way. My brother and I have been doing our new spring cleaning all day long. There is too much for two persons. Everything was in a mess but now it looks great. It is nice to put away all the winter stuffs and get out the spring ones. It gave our spirits a real lift. Feel like reading. All the rooms are clean and tidy. Ran the vacuum cleaner over the carpet in the sitting room. Got praised by mother

---

**NOTES**

○ just는 강조로 쓰였다.
○ 여기서 this way는 이 상태로의 뜻이다.
○ 새봄맞이 청소는 new spring cleaning 이다.
○ in a mess는 뒤죽박죽이 되어, 진흙투성이가 되어, 혼란, 분규, 곤란에 빠져서의 뜻이다.

○ perfect는 더할 나위 없는, 이상적인의 뜻이다.

○ way (구어로) 상태

○ What a perfect day! 는 하루 종일 즐거워 더할 나위 없는 날이었다는 뜻이다.

○ perfect가 타동사로 쓰이면 사람을 …에 숙달시키다, 완성하다, 완전하게 하다, 끝마치다, 수행하다의 뜻이다.

○ perfect oneself in은 …에 아주 숙달하다의 뜻이다.

○ great는 구어로 쓰여 '멋진, 훌륭한, 대단한, 굉장한, 재미나는, 열심인, 정통한, 능란한, 잘하는'의 뜻이며 그 외에도 '즐겨 쓰는, 마음에 드는, 좋아하는'의 뜻도 있다.

○ a great word 는 즐겨 쓰는 말이 된다.

○ the great 는 높은 사람들, 고귀한 사람들이다.

○ the Great 는 칭호 뒤에 붙여 …대왕의 뜻이 된다.

○ …하니 아주 좋다는 It is nice to… 이다.

○ a real lift는 정신의 앙양이다.

○ 기분이 새로워진다는 It gives your spirits a real lift 이다.

○ feel like ~ing는 …하고 싶어지다 이다.

○ '청소, 정돈이 잘되어 있는'은 clean and tidy 이다.

○ 진공청소기로 …를 청소하다는 run the vacuum cleaner over the …이다.

○ run은 타동사로 기계 등을 돌리다(가동시키다) 차를 움직이다, 운전하다는 뜻으로 쓰인다.

# 자동차의 보닛과 바람막이 유리
## (The Hood And The Windshield)

공기가 매우 건조하다. 자동차의 보닛과 바람막이 유리에 먼지가 신속히 쌓인다. 아버님은 먼지투성이 바람을 자꾸 불평하신다. 아버님을 도와서 보닛과 바람막이 유리에 쌓인 먼지를 닦아 냈다. 걸레로 보닛을 북북 문질러 닦았다. 건조한 바람이 이것저것 닥치는 대로 바싹 말리고 있다. 눈이 녹아 없어졌기 때문에 먼지가 일고 있다. 차가 지나가면서 먼지를 일으켰다.

The air is exceedingly dry. The dust quickly covers the hood and the windshield. Father complains of dusty wind repeatedly. Helped father [to] wipe up the hood and windshield. Wiped a cloth back and forth over the hood. The dry wind is drying off everything under the sun. As the snow has melted away, the dust is rising. The cars raised dust as they passed.

**NOTES**

○ exceedingly는 엄청나게, 매우, 대단히, 굉장히의 뜻이다.
○ …에 쌓이다는 cover + 사물이다.
○ …을 자꾸 불평하다는 complain of …repeatedly
○ …을 닦아내다는 wipe up… 이다.
○ 차의 바람막이 앞 유리는 windshield 이다.
○ 미국에서는 hood 영구에서는 bonnet 이라고 한다.
  미식발음 [bάnit] 영국식발음은 [bɔ́nit] 이다.
○ complain of…는 …하다고 투덜거리다 이고
○ complain about은 …을 한탄하다 이고

○ complain that 절도 …하다고 불평하다이다.

○ complain to, about은 …에게 하소연하다.

○ complain to the police of [about] …에 관해 경찰에게 고발하다.

○ complain of …는 병고나 고통을 호소하다는 뜻이다.

○ I have nothing to complain of. 나는 아무 불만이 없다.

○ You're always complaining. 너는 늘 불평한다.

○ help+목적어+(to) 동사원형의 형태로 목적어를 도와 …해주다의 뜻으로 일상생활에서 많이 쓰인다. 예문을 들면 어머니를 도와 설거지를 해 드렸다는 I helped Mother [to] wash the dishes 이다.

○ 걸레로 …을 닦아내다는 wipe a cloth over+사물

○ back and forth는 '앞뒤로, 이리저리, 왔다갔다'의 뜻으로 쓰인다. 여기 서는 북북의 뜻으로 쓰였다.

○ 바싹 말리다는 dry off 이다.

○ 이것저것 닥치는 대로의 everything under the sun 이다.

○ 눈이 녹아 없어지다는 melt away

○ (먼지가) 일다는 rise 이다.

○ '먼지를 일으키다'는 raise dust 이다.

○ 차가 지나가며 먼지를 일으키고 있다는 The cars are raising dust as they pass. 이다.

# 정월대보름
## (The 15th of The First Lunar Month)

오늘은 정월대보름날이다. 한국 사람들에게는 낭만적인 명절이다. 달이 떠서 휘영청 밝다. 달빛이 비친 삼라만상이 정말 아름답다. 달빛어린 호숫가를 걷고 싶어진다. 어쩐지 좋은 일이 있을 것 같은 느낌이 든다. 전화가 걸려왔다. 가슴이 설렌다. 여자친구가 아니고 나의 짝인 영민이한테서 전화가 왔다. 그는 전화를 걸어와 (나를 만나고 싶다고 했다) 내가 자기와 커피 한 잔을 같이 나누었으면 했다. 나중에야 어떻게 됐든 우선 그와 행동을 같이 했다.

Today is the 15th of the first lunar month. For Koreans it is a romantic fate of the year. The moon is up and beams down. The moonlit nature is really beautiful. Felt like walking along the moonlit lakeside. Something tells me that a happy event would happen tonight. Was wanted on the phone. My heart went pit-a-pat. It was not my girlfriend but my partner. He telephoned to say that he wanted me to join him for a cup or coffee. Joined him first, whatever may happen afterwards.

### NOTES

○ '한국 사람들에게는'은 for Koreans 이다.
○ 낭만적인 날은 a romantic fate 이다.
○ 떴다는 is up이고 휘영청 밝다는 beam down 이다.
○ beam은 타동사, 자동사로 '빛을 발하다, 비추다, 기쁨으로 빛나다, 밝

게 미소 짓다'는 뜻이다.

- 참고로 압도되다, 지다는 kick the beam 이다.
- 달빛어린은 moonlit 이다.
- …하고 싶어지다는 feel like ~ing 이다.
- 달빛어린 호숫가를 따라는 along the moonlit lakeside 이다.
- 어쩐지 …것 같다.(것 같은 느낌이다)는 Something tells me that …이다.
- 좋은 일은 a good thing 이다. a happy event 이다.
- '전화가 걸려오다'는 be wanted on the phone 이다.
- not … but … …가 아니고 …이다.
- 짝은 partner 인데 그 외에도 사원, 조합원 공동협력자, 동료, 배우자, 배필(남편, 처) 댄스 등의 상대, 놀이 등의 짝이란 뜻으로 쓰이며
- 자동사로 짝(파트너)이 되다이고
- 타동사로는 '동료로서 함께 일하다, 제휴(협력)하다, 사귀다, 어울리다, 짝짓다, …의 조합원이 되다'의 뜻이 된다.
- go pit-a-pat는 두근두근하다, 설레다 이다.
- pit-a-pat [pítəpæt]은 펄떡펄떡, 두근두근 이란 뜻이다.
  자동사로 '두근두근하다, 펄떡펄떡하다'로 쓰인다.
- 전화를 걸어는 telephone to say that 절이다.
- he wanted me to …그는 내가 …해주었으면 했다, 그는 내가 …해주길 바랐다.
- join ~for 즉 join A for B 는 A와 B를 같이하다.

## 76 봄추위 (The Spring Cold)

봄눈이 땅에 거의 쌓이지 않아서 도로가 칠벅칠벅하다. 봄추위가 누그러지지 않는다. 오늘 신학기 개학식이 있었다. 교장선생님께서 신학기 동안 우리의 공부에 대한 판에 박힌 듯한 훈시를 하셨다. 학교에서 집으로 오는 길에 차들이 물을 튀기며 지나가고 있었다. 물이 바지까지 튀었다. 아버님이 차를 몰고 오셔서 태워다 주셨다. 물이 바람막이 앞유리까지 튀었다. 아버님은 도로가 칠벅칠벅하다고 불평하셨다.

The spring snow hardly stays on the ground and the road is splashy. The spring cold does not ease up its tone. The opening ceremony of the new school term was held today. The principal gave us the conventional instructions on how to study during the new term. On my way home from school, the cars were splashing along the road. The water splashed up to my pants. Father picked me up on the way. The water splashed up to the windshield. Father complained of splashy road.

**NOTES**

◎ hardly는 '거의 …하지 않는다.'의 뜻이다.
◎ stay는 '머무르다, 어떤 상태에 머무르다. …인 채로 있다'의 뜻이다.
◎ 참고로 명사로 쓰이면 내구력, 지구력, 끈기, 연기, 유예, 중지, 억제, 체류 등의 뜻이 된다.
◎ staying power는 지구력, 내구력, 내구성

- stayer는 '체재자, 끈기 있는 사람, 지지자, 옹호자'의 뜻이다.
- splashy는 '튀는, 칠벅칠벅하는, 흙탕물이 튀는 허세부리는, 과시하는' 의 뜻
- splash [spl&ʃ], splashy [spl&ʃi]
- get splattered는 영국속어로 크게 패하다의 뜻이다.
- ease up 누그러지다, 완화되다, 태도를 누그러뜨리다, 늦추다 등이다.
- its tone 봄추위의 기세(추세)
- 개학식은 opening ceremony 이다.
- …에 관해 판에 박힌 듯한 훈시를 하다는 give + 목적어 + the conventional instructions on… 이다.
- 공부에 관한은 on how to study 이다.
- …에서 …로 가는 길에 (도중에)는 on my way ~ from ~
- 튀기며 나가다는 splash along 이다.
- '…까지 튀기다'는 splash up to …이다.
- 도중에 차로 사람을 태워오다(가다)는 pick me up on the way 이다.
- 자동차의 바람막이 앞 유리는 windshield 이다.
- …하다고 불평하다는 complain of…이다.
- 참고로 easeful은 '안일한, 마음편한, 안락한, 편안한'이고 부사는 easefully이다.
- easeless는 마음이 편치 않은, 심신이 안정되지 않은, 불안한의 뜻이다.

## 경칩 (Kyungchip)

오늘은 경칩이다. 개구리가 동면에서 깨어난다. 만물이 소
생하는 것 같다. 뒤뜰에 잡초가 나오기 시작했다. 잔디 싹
이 돋기 시작했다. 오늘 신문을 보니까 많은 사람들이 유행
성 감기로 고생하고 있다고 했다. 봄이 왔다고는 하지만 유
명무실하다. (이름뿐이다.) 이번 봄은 대략 열흘이 평년에
비해서 이르다. 머지않아 꽃소식이 신문에 나타날 것이다.

Today is Kyungchip. A frogs wakes up from its hibernation.
Everything seems to come to life again. The weeds in the backyard
have begun to come out and the lawn has begun putting forth shoots.
Today's paper says that many people suffer from flu. The advent
of spring seems only nominal. This spring is about 10days earlier
compared with other years. News of the blossoms will appear in the
papers before long.

**NOTES**

○ 동면에서는 from its hibernation 이다.
○ hibernate는 자동사로 동면하다, 사람이 피한하다, 칩거하다, 들어박히
다 뜻이다.
○ 만물은 everything이며 소생하다는 come to life again 이다.
○ 뒤뜰에 잡초는 the weeds in the backyard 이다.
○ 나오기 시작했다는 begin to come out인데 여기서는 현재완료형을 썼
다.
○ begin+to 부정사나, begin+동명사로 쓰인다.

○ 싹이 나오기 시작하다는 begin putting forth shoots 이다.

○ 'put forth는 초목의 싹 등이 나오다'의 뜻이며 shoots는 싹이란 뜻이다.

○ 오늘 신문을 보니까는 Today's paper says that 절이다.

○ 병을 앓다, 고생하다, 괴로워하다, 고통을 겪다, 재난을 당하다, 고통, 상해, 손해, 슬픔 등을 경험하다는 suffer from… 이다.

○ 봄의 도래는 또는 봄이 왔다고는 하지만은 the advent of spring 이다. 그저(단지) 이름뿐인 only nominal 이다.

○ 예년에 비해서는 compared with other years 이다.

○ 꽃소식은 news of the blossoms 이다.

○ 신문에 나타나다는 appear in the papers 이다.

○ 머지않아 before long, soon, in a short time, by and by 등이 있다.

○ 때가 되면 in the course of time, in due course[time] 이다.

# 78

## 모처럼의 일요일
### (The Much-Awaited Sunday)

날씨가 을씨년스러워 마음이 심란했다. 학우의 초대를 받고 시골에 가기로 되어있었는데 날씨가 나빠서 계획에 차질을 가져왔다. 날씨 때문에 모처럼의 일요일이 망가졌다. 다음기회로 미루기로 할 것이다.(미루기로 했다) 잡념을 없애고 마음을 가라앉혀 공부나 시작하는 게 상책이다.

The weather was gloomy and it drove me distracted. Was supposed to go into the country at the invitation of a classmate but the bad weather upset my plan. It spoiled my long awaited Sunday. We will make it some other time. It is a good plan to get rid of distracting thoughts[idle thoughts] and compose myself to study.

### NOTES

- '날씨가 을씨년스러운'은 gloomy 이다.
- 날씨 때문에 심란했다는 it drove me distracted 이다.
  현재형은 it drives me distracted 이다.
- '마음이 심란한'은 distracted이다.
- …하기로 되어있다는 be supposed to… 이다.
- 시골에 가다는 go into the country 이다.
- …의 초대를 받고는 at the invitation of… 이다.
- 계획에 차질을 가져오다는 사물주어＋upset＋my plan
- It spoiled에서 it은 날씨를 말한다.
- '망가트리다'는 spoil 이다.
- 모처럼의 휴일은 a long-awaited holiday 이다.

- '다음 기회로 미루다'는 make it some other time 이다.
- '…하는 것이 상책이다'는 It is a good plan to… 이다.
- 여기서 plan은 안의 뜻으로 good plan은 좋은 안 또는 상책의 뜻이 된다.
- 잡념을 없애다는 get rid of distracting thoughts 이다.
- distracting은 마음이 산란한의 뜻이다.
- 부사는 distractingly로 '마음 산란하게, 미치도록'의 뜻이다.
- thoughts는 생각이다.
- get rid of …을 없애다.
- '마음을 가라앉히다'는 compose oneself 이다. '마음을 가다듬다'의 뜻으로도 쓰인다.
- compose는 (안색을) 부드럽게 하다, 조립하다, 구성하다, 조작하다, (글을)짓다, 작문하다, 쓰다, 작곡하다 등이다.
- compose + 목적어로 쓰인다.
- compose one's emotion은 감정을 가라앉히다.
- 나는 마음을 가다듬어 공부하기 시작했다는 I composed myself to study.

126

과로 (Overwork)

과로로 인해서 탈이 났다. 수면시간을 줄여가면서 두뇌를 혹사시켰다. 보름동안을 과로했더니 몸을 해쳤다. 공부란 두뇌적인 플레이다. 벼락공부는 좋지 않다. 꾸준한 공부, 꾸준한 노력이 우선이다.(최고다) 공부를 하다 안하다 하는 것은 좋지 않다. 머리가 무거워 잠을 충분히 자기 위해서 일찍 잠자리에 들었다. 잠을 자서 피로를 풀어야겠다. 내일 아침에는 피로가 풀리고 있을 것이다.


Got ill by overwork. Have been overtaxing my brain, cutting down sleep. The strain of half a month told on my health. Study is a play with brains. Cramming is no good. Steady study and steady efforts comes first. It is not good to study on and off. Feeling heavy in the head, went to bed early to have enough sleep. Will sleep off my fatigue. Will be feeling bright again tomorrow morning.


**NOTES**

◎ …로 인해서 탈이 나다는 get ill[get sick] by… 이다.
◎ '수면시간을 줄이다'는 cut down sleep이고 여기서 cutting은 분사구문이다.
◎ '…을 긴장(과로)했더니'는, The strain of… 이다.
◎ all full strain 또는 on the strain은 '긴장하여'의 뜻이다.
◎ under the strain은 긴장한 탓으로, 과로한 탓으로
◎ strained는 긴장한, 부자연스러운, 팽팽한, 억지의 뜻이다.
◎ a strained laugh는 억지웃음이다.

- tell은 '지장을 주다, 악영향이 있다'의 뜻으로 쓰여 told on my health 는 건강에 지장을 주었다, 또는 악영향이 있었다는 뜻이 되어 결국 몸을 해쳤다가 된다.
- tell은 그 외에도 (불리하게) 작용하다, 효력 또는 효과가 있다는 의미로도 쓰이며 can과 함께 알다, 분간하다, 식별하다는 표현이 쓰인다.
- overtax one's brain은 두뇌를 혹사시키다.
- 벼락공부는 cram 또는 cramming 이다.
- '끊임없는'은 steady… 또는 ceaseless …이다.
- 우선이다 또는 최고다는 come first이다.
- …하는 것은 좋지 않다는 It is not good to…
- 하다 안하다는 on and off 이다.
- 머리가 무겁다는 feel heavy in the head 인데 여기서는 as…의 분사구문이다.
- '잠을 자서 피로를 풀다'는 sleep off one's fatigue 이다.
- '피로가 풀리다'는 다시 생기를 느끼는 것임으로 feel bright again 이다. will be ving는 미래진행형이다.
- bright는 (표정 등이) 생기 있는, 밝은, 명랑한, 영리한, 똑똑한, 재치 있는, 훌륭한, 장래 등이 유망한, 영광스러운, 빛나는 등이다.
- overtax는 …에 지나치게 과세하다, 혹사하다, 지나친 요구를 하다의 뜻이다.

김밥 (Rice Rolled In A Sheet of Laver)

어머님이 외출하셔서 여동생 미숙이가 점심식사로 김밥을 만들었다. 김 굽는 것을 도와주었으면 해서 도와주었다. 김 재는 것은 미숙이가 했다. 김밥을 좋아하기 때문에 실컷 먹었다. 집에서 만든 것이나 김밥집에서 팔고 있는 것이나 그다지 차이가 없었다. 맛에 관한한 좋은 맛은 전적으로 재료의 품질에 달려있는데 주로 가짜 참기름 같은 불량식품이 시장에 나돌고 있기 때문이다. 가짜 참기름 같은 불량식품이 없으면 얼마나 좋겠나.

Mother being out, Mi-sook, my sister prepared kimbob for lunch. She wanted me to help her [to] toast laver. Helped her [to] do so. Mi-sook seasoned laver. being fond of kimbob Ate as much as I wanted. There was little difference between homemade one and the kind sold in the kimbob house. As far as the taste is concerned, good taste entirely depends on the quality of stuff. It is chiefly because illegal foodstuffs like fake sesame oil are coming on to the market. How we wish there were not such substandard food like fake sesame oil.

**NOTES**

◌ As mother was out은 어머님이 외출했기 때문에 인데 분사구문은 접속사 as를 없애고 be동사 was를 분사 being으로 바꾸면 된다. 분사구문의 주어와 주문의 주어가 다르기 때문에 분사의 의미상의 주어 mother

가 분사 앞에 놓였다. 주문의 주어는 Mi-sook 이다.

○ 음식을 준비하다(만들다)는 prepare 또는 cook 이다.

○ 김밥을 영어로 설명할 때에는 김에다 밥을 넣어 말은 일종의 밥이라고 하면 된다. 김밥이 무엇입니까? (What is kimbob exactly?) 밥의 일종으로 김에 밥을 깔고 둥글게 말은 것입니다.(It is kind of rice rolled in a sheet of laver)

○ 사역동사 help는 목적어 다음 목적보어가 to 부정사나 원형부정사 양쪽 가능하다.

○ '김을 굽다'는 toast laver 이고 김을 재다는 season laver 이다.

○ As I am fond… 나는 …를 좋아하기 때문에 위 부사절을 부사구문으로 하면 Being fond of… 이 된다.

○ '실컷 먹다'는 eat as much as I want 이다.

○ 그다지 차이가 없다는 there is little difference between A and B 이다.

○ the kind sold in …에서 팔고 있는 종류(여기서는 김밥)

○ 재료의 품질에 달려있다는 depend upon [on] the quality of stuff 이다.

○ '주로 … 때문이다'는 chiefly because 이다.

○ …와 같은 불량상품 inferior goods like…

○ 시장에 나돌다는 come on to the market 이다.

○ …같은 것이 없으면 얼마나 좋게나는 How we wish there were not such… like[as]…

○ 불량식품은 illegal foodstuff 나 substandard food 이다.

## 춘분 (Vernal Equinox)

들에도 산에도 봄기운이 그런대로 완연하다. 봄 날씨가 되니 참 좋다. 이 날씨가 일 년 내내 이어지면 좋겠다. 정말 길고 추운 겨울이었다. 오늘은 춘분이다. 낮과 밤의 길이가 같은 날이다. 앞으로는 낮은 길어지고 밤은 짧아진다. 소파에 축 늘어져 기대어 독서를 하면서 그리고 이것저것 먹으면서 하루를 보냈다.

Spring in the air is clear enough in the mountains as well as on the fields. It is nice to have some spring weather. Wish this weather lasted all the year round. We sure had a long cold winter. Today is vernal equinox : the hours of daytime are as long as those of nighttime. From this time forward, daytime will get longer, nighttime will get shorter. Spent the day lolling on the sofa reading, eating everything under th sun.

**NOTES**

◎ 봄기운은 a breath of spring 이라고 해도 좋다.

◎ 그런대로(꽤) 완연한은 clear enough 이다.

◎ B as well as A 는 A는 물론 B도 또는 A도 B도, A 뿐만 아니라 B도 이다.

◎ It is nice to '…는 …해서 …하니 참 좋다, 반갑다'의 뜻이다.

◎ wish는 실현할 수 없는 소망을 나타내어 '…하면 좋을 텐데'의 표현에 쓰이는데 I wish I was a bird. (내가 새라면 좋을 텐데) 이때 Be 동사는 were이나 구어에서는 was를 쓴다.

- '지속되다'는 last 이다.
- 일 년 내내는 all the year round
- sure은 정말의 뜻으로 쓰인다.
- 춘분은 vernal equinox 인데, vernal은 봄의, 봄에 찾아오는, 봄이 되는, equinox는 주야 평분시의 뜻으로 춘분 또는 춘분의 뜻이다.
- 낮의 길이는 the hours of daytime 이고
- 밤의 길이는 the hours of nighttime 이다.
- 앞으로는 from this time forward 이나 from now on이 있다.
- as long as …는 …만큼 오래, …하기만 하면, …하는 한
- 의례 길어지다 will get longer[will grow longer]
- 의례 짧아지다는 will get shorter
- …하면서 …을 보내다는 spend+목적어+ving 이다.
- 이것저것 닥치는 대로 먹으면서는 eating everything under the sun 이다.
- 소파에 축 늘어져 기대어는 lolling on the sofa 이다. loll은 '축 늘어져 기대다(앉다), 하는 일 없이 빈둥거리다'의 뜻이다.
- loll in a chair 의자에 털썩 기대다.
- loll against a wall벽에 털썩(볼품없이) 기대다.
- loll은 '개 등의 혀가 늘어지다, 축 늘어트리다'의 표현에도 쓰인다.

## 봄비 (Spring Rain)

창문을 열고 방안에 신선한 공기를 넣었다. 하늘을 보니 비가 올 것 같았다. 공원을 한 바퀴 돌았다. 7시 일기예보에서 봄비가 올 확률이 80% 라고 했다. 8시 경에 비가 후두둑 오기 시작해서 하루 종일 비가 오다 안 오다 했다. 제발 오늘 저녁에는 비가 오지 않았으면 좋겠다. 저녁 식사 약속이 있다. 약속을 취소하지 않을까 걱정 했다.

Open the window and let in fresh air. From the look of the sky it looked like spring rain. Took a turn in the park. The 7 o'clock weather reports say there's 80% chance of spring rain. It was beginning to sprinkle at about 8 o'clock and has been falling on and off all day long. It just better not rain this evening. I have a dinner date this evening. Was afraid lest he should retract from a dinner date this evening.

**NOTES** ................................................................................................................................

- '신선한 공기를 넣다'는 let in fresh air 이다.
- From the look of the sky에서 from은 판단의 근거를 나타낸다.
- …인 것 같다 look like… 이다.
- '…를 한 바퀴 돌다'는 take a turn in… 이다.
- …의 …% 확률이 있다는 There's … chance of … 이다.
- sprinkle은 it을 주어로 하여 비가 후두둑 오기시작하다의 뜻으로 쓰인다.

○ has been falling에서 주어는 spring rain 이다.

○ 오다 안 오다 on and off 인데 off and on도 같은 뜻이며 때때로, 불규칙하게의 뜻으로도 쓰여 I come here on and off. 는 '나는 가끔 여기 온다.'의 뜻이다.

○ 일기예보에서 …라고 했다는 …weather reports say… 이다.

○ It을 주어로 just better not …는 제발 날씨(it)가 …안했으면 좋겠다는 표현이다.

○ have a dinner date는 저녁식사를 같이 할 약속이 있다.

○ be afraid lest 주어 should …는 …해야 하지 않을까 걱정이다의 표현이다.

○ retract from …을 취소하다.

○ date는 구어로 특히 이성과의 약속이다.

○ a coffee date는 커피를 마시기로 한 약속이다.

○ …와 만날 약속을 하다는 make a date with …이고

○ …와 만날 약속이 있다는 have a date with 이다.

○ out of date는 시대에 뒤떨어진, 구식의

○ without date는 무기한으로

○ blind date는 상대가 누군지 모르는 맹목적인 데이트이다.

MONTH.    DATE.

## 83 20대의 미국사람
### (An American In His Twenties)

볼 일이 있어서 시내에 갔었다. 볼일을 보고 나서 커피 한 잔 마시려고 근처 다방에 들렀다. 막 주문을 하려고 하는데 20대의 미국사람이 들어오는 것을 알아차렸다. 맞은편 테이블의 걸상에 앉았다. 누군가 만날 사람이 있을 거라고 생각했었다. 용기를 내어 다가가서 누구 만날 사람이 있느냐고 물었더니 그는 없다고 했다. 그래서 합석을 해도 좋은지 물었더니 좋다고 해서 합석을 해서 여러 가지 사적인 질문을 하면서 콜라를 들며 많은 이야기를 나누었다. 시간이 늦어지는 것을 모르고 있다가 택시를 타고 귀가 했다.

Having something to do, Went downtown. After [I] got through with my business, dropped in a nearby coffeehouse for a cup of coffee. When [I] was about to order a coffee Noticed an American in his twenties coming in. He sat down on the chair of the opposite table. Thought [that] he had someone to meet. Plucked up the courage to get near and asked him if he had anyone to meet. He said he didn't. Then asked him if I could join him. He said I could so [I] joined him and talked much asking some personal questions over coke. We were not aware of how late it was getting. Came home by taxi.

**NOTES**

○ '볼일 있다'의 현재형은 have something to do 이고 과거형은 had something to do 이다.

○ 볼일을 마치다는 get through with one's business 이다.

136

- '우연히 들르다'는 drop in 이고 '…하려고 들르다'는 drop in for… 이다.
- be about to는 막 '…하려고 하다' 이다.
- 커피숍 직원에게 커피를 주문하다는 order a coffee from a lady 이다.
- '커피 한 잔을 시키다'는 order a coffee 이다.
- 알아차리다는 notice이다. notice + 목적어 + ving
- 20대의는 in his twenties 이다.
- 맞은편 테이블의 걸상에는 on the chair of the opposite table 이고 내 옆(등받이 없는) 걸상에는 on the stool next to me 이다.
- 만날 사람이 있다는 have someone to meet 이다.
- ask + 목적어 + if 절은 주절의 주어는 if 절의 주어가 …인지 어쩐지 묻다 이다.
- Can I join you? (합석할 수 있습니까?)가 if 절로 바뀌면서 If I could join him.이 된 것이다.
- be not aware of …을 알아차리지 못하다.

## 84 만우절 (All Fools' Day)

마지막 수업이 오후 2시에 끝났다. 집에 가는 길에 휴대전화가 걸려왔다. 친한 친구가 만나고 싶다고 하여 어디에 있느냐고 물었다. 그는 우리가 가끔 가는 빵집에 있었다. 기다리라고 말하고 즉시 그쪽으로 갔다. 도착했을 때 그는 없었다. 30분 동안을 기다렸지만 나타나지 않았다. 속은 것을 알았다. 그는 나를 속여 골려준 것이다.

My last class got out at 2 p.m. On my way home, was wanted on the cellular phone. Ki-su my close friend wanted to see me. Asked him where he was at. He was in the bakery we go on and off. Told him to wait and came there immediately. When I got there, he was not so [that] waited for half an hour but yet [and yet] he didn't show up. Saw I have been taken in. He played a trick on me and made fun of me.

## NOTES

◎ …에 끝나다는 get out at… 이다.
◎ '휴대전화가 걸려오다'는 be wanted on the cellular phone 이다.
◎ Where are you at? (어디에 있니?) 이 간접의문문이 되어 의문사 + be 동사 + 주어가 의 + 주 + be로 된 것이다.
◎ 우리가 가끔 가는 빵집은 the bakery we go on and off 이다.
◎ so[that]은 그래서, 그러므로 이다.
◎ but yet 또는 and yet은 그래도 역시이다.

- show up 약속된 장소에 나타나다, 모임 등에 나오다, 폭로하다, …을 눈에 띄게 하다, 돋보이게 하다, 무안하게 하다, 돋보이다, 두드러지다 등이다.
- '알다'는 see이고 과거는 saw 이다.
- '내가 속은 것을 알다'는 see I have been taken in 이 된다.
- play a trick on '…은 …을 속이다, …에게 장난을 치다'의 뜻인데 serve a trick on… 이나, play[serve] a person a trick 도 같은 뜻이다.
- make fun of '…는 …을 놀림감으로 삼다, 놀리다, 골려주다'의 뜻인데 poke fun at… 도 같은 뜻이다.
- '장난을 쳐서 (속여서) 골려주다'는 play a trick on… and make fun of… 이다.

## 85 식목일 (Tree-Planting Day)

나무 심는 날이 돌아왔다. 각계각층의 사람들이 수십만 그루의 묘목을 심었다. 우리 식구 모두는 가장 가까운 산에 올라 스무 그루의 소나무를 심었다. 한국동란을 전후해서 그때는 많은 사람들이 가난해서 땔나무가 필요했다. 땔감으로 나무를 잘랐었다. 그래서 전국의 대부분의 산들이 사람의 얼굴에 깊은 상처가 있는 것 같이 보기에 흉했었다. 대부분의 산들이 민둥산이었다. 지금도 깊은 산중에서는 밑에 있는 잔가지를 잘라 땔감으로 쓰고 있다. 일부 몰지각한 사람들은 허가 없이 나무를 베고 있다.

Tree-planting Day has come round. All sorts and conditions of people planted hundreds of thousands of young trees. All the members of our family climbed up the nearest mountain and planted 20 pine trees there. About the time of the Korean War many of the people, at that time, were poor and needed the wood for firewood. They cut down trees for firewood. So [that] most mountains all over the country looked bad like a disfigured face with a gash. Most mountains were treeless [bare, bald]. In remote mountains. even now, the branches near the bottom have been cut down for firewood. Some senseless [Indiscreet, thoughtless] people cut down tress without getting a permit.

- 식목일은 Arbor Day 또는 Tree-planting Day 이다.
- come round는 '계절 등이 닥쳐오다'의 뜻이다.
- 각계각층의 사람들은 all sorts and conditions of people이다. condition 은 지위, 신분이다.
- sorts는 (…한) 종류의 사람, 부류, 종류의 뜻이다.
- 그는 좋은 사람이라 할 때 구어에서는 He's a good sort.라고 한다. 나쁜 사람은 a bad sort 이다.
- '산을 오르다'는 climb up 이다.
- 한국동란을 전후해서는 about the time of the Korean war
- 국민들 중 많은 사람들은 many of the people 이다. 그 당시에는 at that time 이다.
- 땔나무는 the wood for firewood 이다.
- so[that]은 그 결과, 그래서 이다.
- 보기에 흉한은 look bad 이다.
- like는 접속사로 as if의 뜻이다. …같이, …하듯이 이나 여기서는 전치 사로 쓰여 …처럼, 와 같이 이다.
- disfigure는 꼴사납게 하다, …의 외관을 손상하다. 가치를 손상하다의 뜻이다.
- '나무가 없는'은 treeless 이다.
- 깊은 산중에서는 in remote mountains
- 나무 밑가지는 the branches near the bottom 이다.
- 일부 몰지각한 사람들은 Some indiscreet [senseless, thoughtless] people 이다.
- 허가를 받지 않고는 without getting a permit 이다.

## 86 한식날 (Cold Food Day)

오늘은 한식날이다. 일찍 일어나 세차를 했다. 조부모님의 산소를 성묘하기 위해서 집을 나서서 망우리로 향했다. 성 묘객들을 태운 차들이 꼬리를 물고 운행하고 있어서 망우 리 묘지로 가는 길은 혼잡했다. 산소들은 산뜻하고 깔끔했 었는데 아버님과 어머님이 미리 계획을 세워 벌초를 했기 때문이다. 봄도 이제 한창이다. 하늘엔 종달새가 지저귀고 개나리는 만발해 있다.

Today is Cold Food Day. Got up early and wash the car. Left the house for Mangwoo-ri to visit. grandparents' tombs. Lot of cars carrying grave visitors were running one after another so [that] the road to Mangwoo-ri cemetery was very crowded. The tombs were neat and tidy enough because Father and Mother planned ahead and mowed the weeds around the tombs. It is already middle of spring. A lark is singing in the sky and the forsythia are now in full bloom.

### NOTES

○ 세차하다는 wash the car 이고 왁스를 발라 광을 내다는 polish the car 이다.
○ …를 향해 집을 떠나다는 leave the house for… 이다.
○ 많은 차들은 lots of cars 이고 많은 사람들은 lots of people 이다.
○ cars carrying …는 …를 수송하는 차들이다, 또는 …을 태운 차들의 뜻

이다. 현재분사 앞에 주격 관계 대명사와 be동사가 생략되었다.

- 꼬리를 물고 운행하다는 is running one after another 이다.
- so [that] 결과의 부사절을 이끌어 그래서, 그러므로
- …로 가는 길은 the road to… 이다.
- '산뜻하게 잘 정돈되어 있는'은 neat and tidy 인데 여기서 enough의 뜻은 필요한 만큼, 만족할 만큼의 뜻이 된다.
- neat는 구어로는 '굉장한, 멋진'의 뜻이 있으며 그 외에도 솜씨 좋은, 잘하는, 산뜻한, 말쑥한, 깔끔한 등이 있다.
- tidy는 잘 정돈된, 생각이 정연한, 포동포동한, 건강해 보이는, 단정한, 말쑥한, 깔끔한 등이며
- 구어에서는 꽤 좋은, 상당한의 표현으로 쓰인다.
- '미리 계획을 세우다'는 plan ahead 이다.
- 벌초하다는 mow the weeds around the tombs 이다.
- '벌써 …이다'는 It's already… 이다.
- 개나리는 forsythia이고 진달래는 azalea 이다.
- 만발해 있다는 be in full bloom
- bloom은 개화, 개화기, 활짝 필 때
- in full bloom은 활짝 피어
- in bloom 꽃이 피어, 한창 때이고
- out of bloom은 '꽃이 저, 한창 때를 지나'의 뜻이다.

**87** 벚꽃 (Cherry Blossoms)

평소처럼 일찍 일어나 공원을 한 바퀴 돌면서 개를 걸렸다. 초목들이 향기를 방사하고 있어서 대기는 봄 냄새로 충만했다. 공원에 벚꽃이 만발해 있다. 서울에서는 4월 초순이나 중순에 벚꽃들이 한창이다. 봄 향기 속으로 심호흡을 하면서 산책해보니 유쾌했었다. 점점 많은 사람들이 공원을 찾아오고 있었다. 일 년 내내 봄날이 지속되면 좋겠다.

Got up early as usual and walked the dog taking a turn in the park. As the trees and grass were giving out a sweet fragrance, the air there was filled with the scent of spring. The cherry blossoms were in full bloom. The cherry blossoms are best in thc carly or middle of April in Seoul. It was pleasant to take a walk in the scent of spring, drawing a deep breath. More and more people are coming to the park. I wish spring lasted all the year round. [all year]

**NOTES** ...................................................................................................

○ take a turn in the park 공원을 한 바퀴 돌다.
○ as… 는 때문에의 뜻이다.
○ give out a sweet fragrance 향기를 방사하다.
○ …로 충만하다는 be filled with… 이다.
○ 봄 냄새는 the scent of spring 이다.
○ 만발해있다는 be in full bloom 이다.
  bloom은 개화, 만발의 뜻이다.

- be best는 한창이다.
- 4월 초순에는 in the early April
- …중순에는 in the middle of… 이다.
- …하니 즐겁다는 It is pleasant to… 이다.
- 봄 냄새 속을 산책하다는 take a walk in the scent or spring 이다.
- 심호흡을 하다는 draw a deep breath인데 여기서는 분사구문으로 …하면서의 뜻이다.
- More and more는 발음할 때 모런모어가 되어야 하며 점점 많은 …의 뜻이다.
- …했으면 좋겠다. I wish + 주어 + 과거형동사로 한다.
- wish는 want의 품위 있는 표현이다. 실현할 수 없는 소망을 나타낸다.
- I wish I were a billionaire. (억만장자라면 좋을 텐데)
- Be 동사는 구어에서는 was를 쓴다.
- I wish I was a billionaire.

## 막역한 친구 (A Buddy-Buddy Friend)

자명종이 여느 때처럼 울려서 일곱 시 정각에 일어났다. 어머님이 들어오셔서 엎드려 자지 말라고 하셨다. 엎드려 자는 버릇이 생긴 것이 바로 요 최근의 일이다. 잠버릇이 나쁘다. 잠꼬대도 하고, 이도 갈고 한참동안 코도 곤다. 용수에게 전화를 했다. 우리는 막역한 친구다.(단짝이다.) 늘 같이 다닌다. 가끔 가는 빵집에 갔다. 우리는 거기서 많은 잡담을 했다. 그의 좋은 잠버릇이 부럽다.

As the alarm clock went off as usual, Got up at seven sharp. Mother came in and told me not to sleep on my stomach. It is only recently that [I] got into the habit of sleeping on my stomach. Have a bad sleeping habit. Talk in my sleep, grind my teeth and snore a good bit. Called Youn-su on the phone. We are buddy-buddy friends. We always hang around together. We went to the bakery where we go snore in a while. We chatted away there. Envy him [for] his good sleeping habit.

---

**NOTES**

○ '(자명종이) 울리다'는 go off 인데 '사이렌이 울리다'의 뜻으로도 쓰인다. 그 외에도 (총알이) 나가다, (폭탄이) 터지다, 폭발하다, 악화되다, 약해지다, (고통, 흥분이) 가라앉다, 행하여지다, (일이) 되어가다, (떠나) 가버리다, 도망가다, (배우가) 퇴장하다, 시작하다, 죽다, (딸이) 시집가다, 약속 등이 지켜지지 않다, …에 흥미를 잃다, …이 싫어지다 등

이다.
- usual은 형용사로 보통의, 평소의, 여느 때의, 통상의, 통례의, 일상의, 평범한, 평소에 볼 수 있는 등의 뜻이다.
- out of usual은 진귀한, 보통이 아닌
- the usual(thing) 이나 one's usual(thing)은 구어로 쓰여 평소 정해진 일이란 뜻이다.
- 정각에는 sharp 이다. sharp는 빨리, 급히, 갑자기의 뜻이 있어 Look sharp! 빨리해, 조심해라의 표현이 된다.
- 구어로 쓰이는데 사기꾼, 전문가, 명수의 뜻이 있다.
- be sharp on a person은 …에게 심하게 굴다.
- 엎드려 자다는 sleep on one's stomach 이다.
- 잠꼬대하다는 talk in one's sleep 이다.
- 이를 갈다는 grind one's teeth 이다.
- 코를 골다 snore, a good bit은 꽤 오랫동안 이다.
- do one's bit은 제 의무, 본분을 다하다, 응분의 봉사나 기부를 하다, a bit(too) much는 너무 심하다 이다.
- every bit은 어느 모로 보나, 전적으로의 뜻이다.
- …에게 전화하다는 call…on the phone 이다.
- buddy-buddy는 막역한, 아주 친한의 뜻이 있고 명사로 친구의뜻이 있고 속어로 미운 녀석이나 적이란 뜻이 있다.
- 같이 다니다는 hang around together 이다.
- chat away 많은 잡담을 하다.
- …의 …이 부럽다는 envy…for…

## 89 아침 햇살 받으며
### (Being Bated In The Morning Sun)

일찍 일어났다. 개를 걸리고 훈련시켰다. 나에게 잘 길들어 있다. 햇빛이 찬란하고 산들바람이 불었다. 계속 3일 동안 날씨가 화창하다. 무엇을 해도 좋은 날이었다. 아침을 많이 먹었다. 아침햇살을 받으며 학교를 향해 집을 나섰다. 강의 요점을 적어두었다. 나는 강의 내용을 꼭 적어둔다. 오후 2시에 마지막 수업이 끝났다. 방과 후에 민수와 나는 같이 여기저기 돌아다니다 일찍 귀가했다. 잠이 올 것 같지 않다. 봄이 되면 마음이 들뜬다.

Rose[Was up] with the lark, Walked the dog and trained it. It is quite tame me. It was sunny and breezy. It has been fine for three days in a row. It was a perfect day for everything. Had a big breakfast. Left the house for school, being bathed in the morning sun. Noted down the main points of the lecture. Never miss taking notes from a lecture. My last class ended at two p.m. Min-su and I gadded about here and there, came home early. Can't seem to get to sleep. My mind wanders when spring comes.

**NOTES**

○ rise[be up] with the lark 일찍 일어났다.
○ train은 훈련시키다.
○ be quite tame with… 에 잘 길들어있다.
○ tame은 형용사로는 '길들인, 길러서 길들인, 유순한, 무기력한, 시시한,

148

생기 없는, 맥 빠진, 따분한, 단조로운'의 뜻이다. 타동사로는 '길들이다'로 쓰이고 자동사로는 길들다, 유순해지다의 뜻으로 쓰인다.

◎ sunny는 햇빛 찬란한, 햇빛 맑은, 양지바른, 햇빛이 잘 드는

◎ breezy는 '산들바람이 부는, 미풍의, 바람이 잘 통하는, 상쾌한, 쾌활한'의 뜻이다.

◎ breeze는 명사로 산들바람, 미풍, 연풍의 뜻이다.

◎ in a row는 연속적으로, in rows는 여러 줄로 서서, 열을 지어서 이다.

◎ for everything은 무엇이든지 해도(좋은)

◎ have a big breakfast는 '아침을 많이 먹다'이고, have a light breakfast 는 '간단히 먹다'의 뜻이다.

◎ be bathed in the morning sun은 아침 햇살을 받다 이다.

◎ note down the main points of…의 요점을 적다.

◎ never miss + 동사ing는 꼭 …한다.

◎ …에 끝나다는 end at이다.

◎ gad about (과거는 gadded about) here and there '여기저기 쏘다니다' 의 뜻이다.

◎ Can't seem to… 는 못할 것 같다.

◎ get to sleep '잠들다'의 뜻인데 보통 부정문에서 쓰인다.

◎ go to sleep도 '잠들다'의 뜻인데 구어로 쓰여 손, 발 등이 저리다의 뜻이 된다.

◎ wander는 산만해지다, 생각 등이 집중되지 않다, 사람이 헛소리를 하다, 열 등으로 몽롱해지다, 옆길로 벗어나다, 탈선하다, 나쁜 길에 빠지다, 소문 등이 유포되다, 떠들다 등이다.

◎ wanderer[wάndərər]는 방랑자, 사도에 빠진 사람이다.

◎ go astray나 go wrong은 사도에 빠지다, 타락하다, 길을 잃다.

◎ astray[əstréi]는 부사, 형용사로 타락하여, 정도에서 벗어나, 못된 길로 빠져 길을 잃어. lead astray는 타락시키다, 나쁜 길로 이끌다의 뜻이다.

## 안전벨트 (A Seat belt)

주말에 맑은 하늘이 예상된다는 관상대의 발표가 있었다. 반가운 소식이다. 콧노래라도 부르고 싶어진다. 민수에게 이 소식을 알리면 얼마나 기뻐할까. 민수네 온 식구와 우리 식구들은 창경원에 벚꽃 구경을 가기로 되어 있다. 출발 전에 아버님께서 우리 모두에게 안전벨트를 매라고 하셨다. 사고가 났을 때 안전벨트는 생명을 구해주는 것으로 굳게 믿고 있다.

The weatherman said clear skies would be expected for the weekend. It's nice to hear that. Feel like humming. How glad Min-su will be to hear that. All the members of Min-su's family and my family are supposed to go to Changgyungwon to see the cherry blossoms there. Before we left, Father told all of us to fasten our seat belts Firmly believe that seat belts. surreally save lives in accidents.

---

**NOTES**

○ 관상대의 발표가 있었다는 the weatherman said ⋯이다.

○ 여기서 would는 주절의 said와 시제일치 시킨 것이다.

○ 예문 : I expected you to come. = I expected that you would come. (나는 네가 와주리라고 기대하고 있었다)

○ It's nice to hear that.에서 that은 관상대의 발표이고 nice는 '흐뭇한, 기분 좋은'의 뜻이다.

○ hum[hʌm]은 콧노래를 부르다, 윙윙거리다, 왁자지껄하다, 웅성대다 등이다. A bee hums. 벌들이 윙윙거린다.

○ How glad + 주어 + will be to… 는 주어가 to 이하 하면 얼마나 기뻐할까(반가워할까) 이다.

○ How 다음에 형용사를 바꿔가면서 표현을 활용할 수 있다.

○ be supposed to… 는 하기로 되어있다.

○ be not supposed to…는 …하면 안 된다.

○ We're not supposed to have a chat here. 여기서 잡담을 하면 안 된다.(여기서 잡담은 금지다.)

○ Everybody is supposed to know the law. 법률은 누구나 알고 있게끔 되어있다. (알고 있을 의무가 있다.)

○ fasten one's seat belt. 안전벨트를 매다.

○ loosen one's belt는 벨트를 풀다 이다.

○ loosen oneself up은 (경기 등을 앞두고) 몸을 풀다 이다.

○ cast loose = set loose (풀어) 놓아주다, 풀려나오다.

○ come loose. 풀리다, 느슨해지다.

○ sit loose to… 에 무관심 하다.

○ loose 쥐고 있던 것을 놓다.

○ be on the loose 흥겹게 떠들어대다, 마음대로 하다.

## 91 어린이 날 (Children's Day)

어린이날이어서 거리는 어린이들과 행락객들로 붐비었다.
어린이들은 즐거워서 어쩔 줄 몰라 하는 듯했다. 동생과 나
는 카메라를 들고 서울타워(남산타워)에 가서 널려 펴진
서울시를 내려다보았다. 타워를 배경으로 여럿이 사진을
찍는 사람들도 있고 시가지를 굽어보는 자녀들의 사진을
찍는 사람들도 있었다. 팔각정을 배경으로 동생의 사진 몇
장을 찍고 동생은 나의 사진을 몇 장 찍었다.

As it was Children's Day, the street was crowded with many children
and holiday makers. Children seemed to be up in the air. My brother
and I went to Seoul Tower[Namsan Tower] with a camera in hand,
where we overlooked sprawling Seoul city. Some were raking group
photos with the Tower for background some were taking pictures
of their children overlooking Seoul city. Took a few pictures of my
brother with the octagonal pavilion for background. My brother took
a few pictures of me.

---

**NOTES**

○ street는 거리 양쪽에 건물이 줄지어서 있는 도로이다.
○ the street는 집합적으로 거리의 사람들이란 뜻도 있다.
○ crowded 붐비는, 혼잡한, 만원의
○ be crowed with…로 붐비고 있다, 가득 차 있다.
○ seem to be up in the air. 기뻐 어쩔 줄 몰라 하는 듯하다.

152

○ up in the air는 '공중에, 흥분하여, 미정의, 미해결의, 막연한, 기뻐 어쩔 줄 몰라 하는'의 뜻이다.

○ 카메라를 들고 with a camera in hand

○ 그리고 거기서는 where 인데 관계부사의 계속적 용법이다.

○ 내려다보다, 굽어보다는 overlook 이다.

○ overlook은 못보고 지나치다, 빠뜨리고 못보다, 너그럽게 보아주다, 감독하다, 돌보다의 뜻도 있다.

○ sprawling은 '도시, 가로등이 불규칙하게 뻗는, 팔다리를 흉하게 쭉 뻗은'의 뜻이다.

○ take group photos. 여럿이 사진을 찍다.

○ Some… some… '…하는 사람이 있는가 하면, …하는 사람도 있다'의 뜻이다.

○ '사진을 찍다'는 take a picture of… 이다.

○ their children overlooking은 내려다보는 그들의 자녀들이란 뜻인데 children 다음에 주격관계대명사와 be동사가 생략되어 있다.

○ with A for background는 A를 배경으로의 뜻이다.

○ octagonal pavilion은 팔각정이다.

○ octagonal은 팔면형의, 팔각형의.

○ pavilion은 정자, 대형천막, 박람회, 전시관, 별관, 별채, 병동의 뜻이며 타동사로 '…에 대형천막을 치다'의 뜻이다.

# 92 꽃집 (A Florist's)

꽃을 좀 사려고 꽃집에 갔었다. 꽃들을 골고루 많이 취급하고 있었다. 자른 꽃뿐만 아니라 관목, 분재수 그리고 여러 가지 화분에 심은 화초도 취급한다. 방을 장식하려고 자른 꽃을 좀 샀다. 그리고 부모님 방에 쓸 여러 가지 꽃으로 구색을 갖춰 만든 꽤 큰 꽃다발도 샀다. 꽃 보다 부모님을 즐겁게 해드리는 것은 아무것도 없다. 꽃은 인간에게 꼭 필요한 것이다.

Went to a florist's to buy some flowers. They handled a wide assortment not only cut flowers but also shrubs, dwarfed trees and various potted plants. Bought some cut flowers to decorate my room and took a fair-sized bouquet of assorted flowers for my parents' room. Nothing would make my parents happier than flowers. A flower is a must for man.

---

**NOTES**

- ○ florist는 꽃장수, 화초재배 연구가 이다.
- ○ handle a wide assortment는 많이 취급하다 이다.
- ○ assortment는 구색을 갖춘 것, 잡다한 것이다.
- ○ not only A but also B는 A뿐만 아니라 B도의 뜻이다.
- ○ shrubs는 관목, 키 작은 나무 이다.
- ○ dwarfed tree는 화분에 기른 나무, 분재의 뜻이다.
- ○ a florist's = flower shop 꽃 가게, 꽃집
- ○ dwarf는 '식물에 붙여서 특별히 작은'의 뜻이며 '위축된'의 의미도 있다. 그 외 난쟁이, 분재, 소형의 뜻으로 쓰인다.

- various potted plants는 여러 가지 화분에 심은 나무의 뜻이다.
- pot은 분, 항아리, 단지, 어린이용 변기, 올챙이배의 뜻이다.
- potted는 화분에 심은, 단지에 담은의 뜻이다.
- potted tree는 분에 가꾼 나무이다.
- decorate …를 장식하다.
- fair-sized 꽤 큰
- take a fair-sized bouquet of assorted flowers는 여러 가지 꽃으로 구색을 갖춘 꽤 큰 꽃다발을 사다.
- bouquet 꽃다발, 듣기 좋은 말, 포도주 등의 특수한 향기의 뜻이 있다.
- throw bouquets at …을 칭찬하다, 아첨하다.
- Nothing would make … happier than… 은, 아무것도 …보다 더 기쁘게 해주지 않는다.
- a must는 꼭 필요한 것, 꼭 보아야 하는 것이다.
- blow away가 현재형인데 날려버리다, 날리다, 휩쓸어버리다, 가버리다의 뜻이다.
- out of sorts는 구어로 쓰여 기분이 언짢은, 풀이 죽은, 활기가 없는 이다.

**93** 풀밭 위에서 (On The Grass)

푸른 새잎으로 가득한 나무 사이를 걷고 싶어졌다. 손에 카
메라를 들고 교외를 향해 집을 나섰다. 동생을 데리고 갔
다. 사람들이 두셋씩 무리지어 시골길을 걷고 있었다. 시골
읍, 시골풍의 집들의 사진 몇 장을 찍었다. 풀밭 위에서 데
굴데굴 굴렀다. 태양은 눈이 부셨다. 기분이 좋아졌다. 어
둠이 다가오자 귀로에 올랐다.

Feel like walking among the trees which are full of new green
leaves. Left the house for the suburbs with a camera in hand. Took
my brother. People in groups of twos and threes were walking
along the country road. Took a few snapshots of country town and
countrylike houses. Rolled over and over on the grass. The sun
was very dazzling. [The sun got in my eyes] Felt better. With night
coming on, we started home.

**NOTES**

○ feel like+ving는 …를 하고 싶다.
○ I feel like going out tonight. 오늘밤 외출하고 싶다.
○ I feel like a cup of coffee. 커피를 한 잔 마시고 싶다.
○ It feels like snow. 어쩐지 눈이 올 것 같다.
○ the trees which are full of …로 넘치는 나무
○ new green leaves 푸른 새잎들
○ leave A for B는 B를 향해 A를 떠나다.

- with+ 명사 또는 대명사 + 구, 부사, 형용사, 분사의 형태로 부대상황을 나타내어 …하고, …한 채로, …하여, …하면서의 뜻이다.
- He stood there, with his eyes closed. 그는 눈을 감고 거기에 서 있었다.
- take A to 장소는 A를 …에 데리고 가다.
- in groups 여러 떼를 지어, 삼사오오
- walk along 계속 걷다, 앞으로 걸어가다.
- take a snapshot of …을 속사하다, …의 스냅을 찍다.
- country town 시골 읍.
- countrylike …시골풍의
- roll over and over 데굴데굴 구르다.
- dazzling 눈부신, 휘황찬란한, 현혹적인
- dazzling advertisement 현혹적인 광고
- the sun gets in my eyes. 눈이 부시다.
- feel better 기분이 좋아지다.
- with+ 명사 + 분사는 부대상황
- with night coming on 어둠이 다가오자.
- start home 귀로에 오르다.
- go home = come home 귀가하다, 본국에 돌아가다(돌아오다.)
- go home 귀국하다. (구)죽다.
- get home 집에 도착하다, 귀착하다, 들어맞다, 적중하다, 결승점 등에 ㅣ 위로 도착하다, 충분히 이해시키다.
- see a person home …을 집에까지 바래다주다.

## 낚시질 (Angling)

아버지와 낚시질 하러 갔었다. 아버지 단골로 가는 낚시터
로 갔다. 아버지는 낚시질을 잘한다. 미끼를 달고 낚시 줄
을 드리웠다. 곧 찌가 아래위로 깐닥깐닥 움직이기 시작했
다. 낚아챘다. 큰 숭어가 잡혔다. 시야가 미치는 곳까지 파
도가 물가로 밀려왔다. 숭어를 많이 잡았다. 낚시질에 열중
하다보니 시간이 늦어지는 것을 알지 못했다.

Went angling with father. Went to the fishing place where father
frequents regularly. Father is a good angler. Fixed a bait and dropped
the line. Soon the float began bobbing up and down. Struck the
fish. It was a big mullet. As far as the eye could reach. the waves
beat upon the seashore. Got a good catch of mullet. Being intent on
angling, we were not aware of how late it was getting.

### NOTES

- 아버지가 단골로 가는 낚시터 the fishing place where father frequents
  regularly 이다.
- frequent는 자주가다, 뻔질나게 출입하다, regularly는 규칙적으로, 정
  기적으로 이다.
- 미끼를 달다는 fix a bait 이다.
- '낚시 줄을 드리우다'는 drop the line 이다.
- 찌는 float (낚시 줄, 어망에 달린 찌)

- 깐닥깐닥 하다는 bob up and down이다.
- 낚아채다는 strike 과거는 struck 이다.
- float은 명사로 부유물, 뜨는 물건, 뗏목, 각종 장식을 달고 끄는 이동식 무대 차, 수업이 없는 시간, 자유시간
- 자동사로 뜨다, 떠오르다, 떠돌다, 환상 등이 떠오르다, 정처 없이 떠돌아다니다, 유랑하다, 한결같지 않다. 동요하다.
- 타동사로 띄우다, 부류시키다, 밀려가게 하다, 떠오르게 하다, 바람이 향기나 음악 등을 불어 보내다, 감돌게 하다, 물에 잠기게 하다, 관개하다, 설립하다, 흙손으로 고르다.
- be floating on air. 기뻐 어쩔 줄 모르다.
- float one. 돈을 꾸다, 수표를 현금화 하다.
- on the float 떠서
- mullet 숭어 과의 식용어.
- as far as …까지
- reach 도착하다, …에 미치다, 비용 등이 총 …가 되다, 손을 뻗어 …를 잡다.
- reach-me-down 싸구려, 2급 품, 재탕, 만들어 놓은, 기성품
- hand-me-down 미구어로 헌옷, 물림 옷
- beat upon the seashore 물가에 밀려오다.
- get a good catch of …을 많이 잡다.
- catch는 잡힌 것, 어획고이다. 포수 = catcher
- a good catch 능숙한 포수, a poor catch 서투른 포수
- catch는 구어로 올가미, 함정, 책략
- It has a catch in it. 거기에는 함정이 있다.
- be intent on은 …에 열중하다, …에 여념이 없다.
- intent는 명사로 취지, 의미, 의지, 의양
- 형용사로 열중하여 여념이 없는, 열심인, 집중된, 동의어는 bent 이다.
- be aware of는 …을 알아채고 있다, …을 얻고 있다.
- become aware of …을 알아채다.

## 95

외식 (Eating Out)

주말에 외식을 하는 것 보다 더 즐거운 것은 없다. 우리 식구가 단골로 가는 곳으로 갔다. 그 집 쇠갈비는 최고여서 모두 칭찬을 한다. 정말 먹어볼 만 했다. 분위기 역시 좋기 때문에 가볼만 하다. 게다가 좋은 음악도 튼다. 숯불에 석쇠를 놓고 쇠갈비를 구우면서 먹었다. 나는 2인분을 먹었다. 다섯 식구가 10인분을 먹었다.

Nothing is more pleasant than to eat out on weekends. Went to the place where our family frequent regularly. The ribs of beef there are excellent and those are praised by everyone, really worth eating. The atmosphere there is also excellent and the place is really worth visiting. Besides they play nice music as well. We had the ribs grilling them over a charcoal fire. Ate two portions of them. A family of five ate ten portions.

---

**NOTES**

◎ Nothing is more pleasant than to …하는 것 보다 더 즐거운 것은 없다.
◎ the place[restaurant] where our family frequent regularly 우리 식구가 자주 가는 식당
◎ there는 그 집, 그 곳
◎ those는 앞의 the ribs of beef를 받는 대명사
◎ praise vt. 칭찬하다.
◎ A be praised by everyone. 누구나 A를 칭찬하다.
◎ praiseworthy는 칭찬할 만한, 감탄할, 기특한, 훌륭한.
◎ worth ving …볼만하다, (가 볼만, 먹어 볼만, 해 볼만 등)

- atmosphere 분위기, 기분, 공기, 환경
- besides는 부사로 게다가(또), 그 외에 = and besides
- as well은 명사 뒤에서 …도
- grill 석쇠로 굽다.
- grilling '구우면서'의 뜻인 부사 구문 이다.
- over a charcoal fire 숯불 위에
- portion 음식의 1인분, 일부, 부분, 몫
- a family of …인 가족
- a family of 10 10인 가족
- be of a musical turn 음악에 취미(재능)이 있다.
- roast 고기를 오븐에 굽다, 콩, 커피 등을 볶다, 화로에 묻어서 굽다, 찌다, 화형하다, 불 고문 하다.
- boil은 자동사로 끓다, 삶아(데쳐) 지다, 익다, 타동사로 끓이다, 삶다, 데치다, 졸여서 만들다.
- boil down 졸이다, 졸다, 요약하다.
- boil away 끓여서 증발시키다, 흥분 등이 가라앉다.
- boil over 끓어 넘치다, 잔뜩 화내다.
- keep the pot boiling (일을) 기세 좋게 계속해 나가다, 이럭저럭 생계를 꾸려나가다.

## 96 현충일 (The Memorial Day)

오늘은 현충일이다. 사이렌이 울렸을 때 1분 동안 전몰장
병들의 명복을 빌었다. 동작동 국군묘지에서 기념식이 있
었다. 많은 군인들이 한국동란 중에 꽃다운 청춘에 죽었다.
가슴이 아프다. 국군묘지에 가서 무명용사의 비에 헌화하
고 분향했다. 많은 소복한 유가족들이 여기저기서 죽은 자
식들을 그리며 슬퍼했다. (울었다.)

Today is the Memorial Day. When the siren went off, Prayed for
the war-dead for a minute. The ceremony was held at Dongjagdong
Military Cemetery. Many soldiers were cut off in the flower of
their youth during the Korean War. It pains my heart. Went to the
Cemetery and laid wreath and burnt incense to the tombs of the
unknown soldiers. Many bereaved families in their white dress wept
their dead sons.

### NOTES

○ memorial 추도의, 기념의, 기념관, 기념비, 기념물, 기념행사, 기념식
  전, 각서, 연대기, 기록
○ siren 사이렌, 아름다운 목소리의 여가수
○ go off는 자명종, 경보기, 사이렌 등이 울리다.
○ pray for the war-dead 전몰용사의 명복을 빌다.
○ ceremony 식, 의식, 식전
○ without ceremony 소탈하게, 무간하게
○ military cemetery 국군묘지
○ be cut off 죽다.

- in the flower of their youth 꽃다운 청춘에
- It pains my heart. 가슴 아프다.
- pain 상처나 신체 일부가 사람에게 고통을 주다, 괴롭히다, 걱정을 시키다, 비탄에 잠기게 하다, 구어로 짜증나게 하다, 자동사로 쓰여 '아프다'의 뜻이 있다.
- lay 놓다, 눕히듯이 두다, 눕히다.
- wreath 화환, 연기, 구름 등의 소용돌이, 고리
- lay wreath 헌화하다.
- burn incense 분향하다, burnt는 과거
- to the tombs of the unknown soldiers 무명용사의 비에
- bereave 전쟁, 사고 등이 가족, 근친을 앗아가다.
- bereaved families 유가족
- in their white dress 소복을 한, 소복을 입고
- in은 옷을 입고, 입은
- weep over ~sons death 아들들의 죽음을 슬퍼하다.
- weep their dead sons 죽은 자식을 그리며 울다. 슬퍼하다.

## 모터보트 놀이 (Motorboating)

오늘은 기다리고 기다리던 일요일이다. 햇김하고 밥을 먹었다. 불량 김이 시장에 나돌고 있다고 들었다. 오랜만에 김다운 김을 맛보았다. 한강 둔치로 모터보트를 타러 갔었다. 뒤에 하얀 파도를 일으키며 속력을 내어 앞으로 나아가는 보트를 보았다. 마치 쏜살같이 나르는 것 같았다. 보트를 탔다. 기분이 상쾌했다.

It was long-awaited Sunday. Had rice with newly dried laver. Am told that inferior lavers have been appearing on the market. Tasted laverlike over after a long time. Went motorboating to the waterside of the Han River. Saw a motorboat speeding forward churning white waves behind. It was just like an arrow flying with lighting speed. Enjoyed motorboating Felt refreshed.

**NOTES**

- '기다리고 기다리던'은 long-awaited 이다.
- 햇김은 newly dried laver 이다.
- 들었다는 be told that… 이다.
- 불량 김은 inferior laver 이다.
- 오랜만에 after a long time 이다.
- 경험하다, 맛보다는 taste 이다.
- 시장에 나돌다는 appear on the market 이다.
- have been ving은 현재완료 진행형이다.
- 김다운은 laverlike 이다.

- like는 접미사로 …다운, womanlike 여자다운
- laver는 물질명사로 복수로 할 수 없지만 종류를 말할 때는 복수로 할 수 있다.
- motorboat는 명사로 모터보트이고 동사로는 모터보트를 타다 이다. 동사형의 명사이다.
- have + 동사형의 명사에서 이때 have는 하다의 뜻이다.
- …의 둔치는 the waterside of… 이다.
- saw a motorboat speeding에서 지각동사의 목적보어가 분사일 때는 진행되고 있는 한 시점을 본 것이다. 지각동사의 목적보어가 원형부정사일 때에는 목적어의 행위를 처음부터 보았다는 뜻이다.
- speed forward는 앞으로 질주하다 이다.
- speed는 명사로는 속력, 속도, 빠름, 신속, 변속기어, 사진에서 감도, 감광도 이고 동사로는 질주하다, 급속하게 진행하다
- speed up으로 '속도를 더하다 또는 능률을 올리다'의 뜻이 된다.
- churn white wave는 하얀 파도를 일으키다 이다.
- churn 바람 등이 파도를 일게 하다, 거품 나게 하다, 자동사로는 파도 등이 거품 지며 물가에 부딪치다 이다.
- just like는 마치 …같은
- an arrow flying은 나르는 화살
- with lightning speed는 쏜살같이
- lightning은 번개, 번갯불, 전광, 질 나쁜 위스키
- The lightning struck his house. 그의 집에 벼락이 떨어졌다.

# 가위 바위 보 놀이
## (A Game of Rock-paper-scissors)

동생과 나는 가위바위보 놀이를 해서 남산공원의 계단 오르
기를 했다. 처음에는 내가 이겨서 한계단 올라 갔다. "좋아,
그러면 또 다시 가위바위보." 내가 또 이겼다. 또 한계단 올
라 갔다. "좋아, 가위바위보." 동생이 이겼다. 한계단 올라갔
다. 또 동생이 이겼다. 그리고 나서 동생이 계속 이겨서 아슬
아슬하게 내가 졌다. 너무 요란을 피우는 바람에 거기에 여
러 사람들이 모여들었다.

My brother and I played a game of Rock-paper-scissors for climbing
steps of Namsan Park. At first I won. Took a step up. "Okay, here
we go again. Rock-paper-scissors." I won again. Went up another
step. "Okay, Rock-paper-scissors." My brother won. He took a step
up. He won again. He went up another step. And  then he won all
along. Was defeated by a narrow margin. Making a fuss about it, we
were gathering a crowd there.

### NOTES

○ …의 놀이를 하다는 play a game of… 이다.
○ rock-paper-scissors 가위-바위-보
○ climbs steps 계단을 오르다.
○ at first 처음에는, 최초에는
○ take a step up은 한 계단에 올라서다.

◎ Here we go again은 또 시작이다, 여기서는 가위, 바위, 보를 또 하자는 뜻이다.

◎ rock은 바위이고 paper는 보 그리고 scissors는 가위이다.

◎ another step은 또 한 계단 이다.

◎ 그리고 나서는 and then이다.

◎ win all along 줄곧 이기다.= win consecutively

◎ be defeated by a narrow margin은 아슬아슬하게 지다.

◎ defeat 패배시키다, 쳐부수다.

◎ be defeated의 수동태로 쓰여 패하다, 지다.

◎ be defeated in one's purpose는 목적을 이루지 못하다.

◎ by a narrow margin 아슬아슬하게, 간신히, 겨우

◎ margin 시간의 차, 득표 등의 차, 상업에서 매매 차익금, 이문, 마진, 특별수당, 특수기능수당

◎ narrow는 형용사로 폭이 좁은, 마음이 좁은, 편협한, 자원이나 수입 등의 부족한, 옹색한, 모자란, 불충분한

◎ have a narrow escape [shave, squeak] 구사일생하다.

◎ narrow는 타동사로 좁히다, 좁게 하다, 가늘게 하다. 자동사로 좁아지다, 가늘어지다.

◎ narrow down 범위 등을 좁히다, 좁혀지다, 논의를 요약하다.

◎ narrowcast 유선방송하다, 한정된 지역에 방송하다.

◎ narrowcasting 유선 텔레비전 방송 = cablecasting

◎ narrow one's eyes 눈을 가늘게 뜨다.

◎ The cave narrowed more and more. 동굴은 점점 더 좁아져 갔다.

◎ make a fuss about it 요란을 피우다.

◎ gather a crowd 사람들을 모여들게 하다.

MONTH.　DATE.

## 열심히 공부하는 학생 (A Grinder)

걸상에 편안히 앉았다. 미국 역사에 관한 책을 읽었다. 우리의 애완견 재미가 왔다 갔다 하여 독서에 방해가 되었다. 정신집중이 안되어 왔다갔다 못하게 했다. 민호가 놀러왔다. 한 번 다툰 적이 있지만 지금은 화해하고 있다. 그의 별명이 공부벌레이다. 우리 반 반장이다. 최고의 선생님으로부터 영어를 배웠다. 우리는 영어로 대화했다.

Sat comfortable on the chair. Read a book on American history. Jammy, our pet's pacing back and forth interrupted my reading. Couldn't concentrate and made her stop pacing back and forth. Minho came see me. Once quarreled with him but now we have made it up. His nickname is a grinder. He is our class monitor. He studied English from an excellent teacher. We talked in English.

---

**NOTES**

○ rest는 없다.
○ stool은 걸상 등의 발판이다.
○ a book on …에 관한 책
○ pace back and forth 왔다 갔다 하다.
○ pacing …은 동명사 주어이다.
○ interrupt 방해하다, 가로막다, 지지하다, 중단시키다.
○ concentrate 정신을 집중하다, 인구 등이 집중하다, 한 점에 모으다.
○ concentrate on …에 정신을 집중하다, …에 전력을 기울이다. 전념하다, 골몰하다.

◎ concentrate one's efforts [energies] on …에 모든 노력(정력)을 집중하다.

◎ make는 강제적 또는 비강제적으로 …하여금 억지로 …하게 하다, …시키다 이다. 수동태에서는 to부정사로 바뀐다.

◎ I made her stop pacing back and forth = She was made to stop pacing back and forth. 그녀가 왔다 갔다 하지 못하게 했다.

◎ pace는 천천히 걷다, 왔다 갔다 하다.

◎ pace up and down = pace back and forth 왔다 갔다 하다.

◎ put a person through his paces 사람의 역량을 시험하다.

◎ set the pace = make the pace 선도하다, 솔선수범하다, 모범을 보이다.

◎ go[hit] the pace 구어로 방탕한 생활을 하다, 급속도로 나아가다, 난봉을 부리다, 급히 가다.

◎ once는 이전에 한 번, 일찍이, 한 때, 접속사로 쓰여 한 번 …하면, 일단 …하면.

◎ quarrel 말다툼하다, 사이가 틀어지다.

◎ quarrel with는 …와 말다툼하다, …와 사이가 틀어지다.

◎ fight는 맞붙어서 하는 싸움.

◎ seek[pick] a quarrel with …에게 싸움을 걸다.

◎ make up a quarrel 화해하다, 사과하다.

◎ make it up 화해하다, …에게 변상하다, 물어주다.

◎ a grinder = a bookworm 공부벌레, 독서광

◎ class monitor 반장, 감독생, 기율부원

## 자기 소개 (Introducing Myself)

영어 선생님의 지시에 따라서 학급학생들 앞에서 영어로 소개했다. 소개는 다음과 같다. "나의 이름은 김기호입니다. 나이에 관해서 말씀드리면 그것은 제가 아는바이지 여러분들은 적당히 생각하십시오. 요 며칠 전이 열여섯 번째 생일이었습니다. 서울에 삽니다. 정확히 말해서 이태원 일동에 살고 있습니다. 지하철을 타고 학교에 다닙니다. 공부에 대해서인데 저는 보통 이상은 하고 있습니다. 초등학교 시절에는 밖에서 하루 종일 놀았기 때문에 정말 까맣게 햇볕에 그을곤 했습니다만 지금은 나가 노는 것 보다 공부를 더 좋아합니다. 식구에 관해서인데 저희 식구는 다섯 식구입니다. 부모님들, 두 형제, 그리고 여동생 하나입니다. 제가 제일 위가 아니고 두 번째입니다. 저보다 위인 형이 한 분 있습니다. 나의 형님과 나는 두 살 차이이고 나와 누이 동생은 세 살 차이입니다. 나는 자식 도리에 있어서 좀 더 머리를 서야겠다고 생각합니다.

나의 인생의 목표는 대회사의 사장이 되는 것입니다. 나의 인생관은 성실한 생활을 하는 것입니다. 오랫동안 품어온 소원은 통일한국을 보는 것입니다. 나의 유일한 낙은 방과 후에 급우들과 어울리는 것 (사이좋게 울리는 것, 친하게 사귀는 것)입니다."

Under instructions from English teacher, introduced myself in English in the presence of our class. Introduced as follows : My name is Kim Ki-ho, For my age, that is for me to know, for you to find out. Had my 16th birthday just a few days ago. I live in Seoul, Itaewon to be exact. I travel to school by subway every day. For my study, I am doing better than average. In my elementary school days, I used to get really sunburnt from playing outside all day but now I prefer studying to doing out to play, For my family, there are 5 of us in my family- my parents, two brothers and a sister. I am not the eldest but the second child. I have one brother older than me. My brother and I are 2 years apart, my sister and I are 3 years apart. I think I have to be more considerate of my filial duties.

My goal in life is to be a president of a large company. My view of life is to live a life that's full. My long cherished desire is to see unified Korea. My sole enjoyment is to mix with my classmates after school.

**NOTES**

○ under instructions from …의 지시에 따라서
○ in the presence of …의 앞에서, …의 면전에서
○ as follows 다음과 같이
○ to be exact 정확히 말해서
○ travel 탈 것으로 가다.

**NOTES**

○ travel from Seoul to Jeju Island. 서울에서 제주까지 탈것으로 가다.

- do better than average. 보통 이상을 하다.
- get sunburnt. 햇볕에 검게 타다.
- apart 시간 공간적으로 떨어져
- considerate 신중한, 생각이 깊은
- filial duties 자식의 도리(의무) = filial piety 효도
- a life that's full 성실한 생활, 알찬 생활
- sole enjoyment 유일한 낙

유학 (Studying Abroad)

아버지에게 미국에서 고등학교를 다니고 돌아와서 한국에서 대학을 다니고 싶다고 말씀드렸다. 새로운 풍습에 적응하는 것이 어렵고 처음 두세 달은 선생님 설명을 분명히 이해할 수 없을 것이라고 들었다. 게다가 대학이라고 해서 모두 영어회화 과정이 있는 것은 아니라고 들었다. 나의 영어가 지금까지 너무 문법과 번역 일변도라서 걱정이 된다. 청취 이해력을 위주로 해야만 하겠다. 열심히 하겠다.

Told father [that] I would like to go to high school in the United States and go to college back in Korea. Am told adjusting to the new customs is a problem and will be unable to follow the teachers there for the first two or three months. Besides not all colleges offer courses in conversational English. Am afraid my English is too grammar-translation orientated up to now. Have to put listening comprehension first from now on. Will bang away.

**NOTES**

◯ 한국에 돌아와서는 back in Korea 이다.
◯ back은 부사로 되돌아와서 되…하다, 돌아와서, 돌려주어, be told 들었다.
◯ adjust to the new customs 새로운 풍습에 적응하다, 여기서 adjusting…은 동명사 주어로 …에 적응하는 것, …에 적응하기.
◯ will be able to …는 can의 미래형이다.

- follow the teachers there 그곳에 있는 선생님들의 설명을 분명히 이해하다.
- for the first two or three months 처음 두세 달 동안은
- besides 게다가, 그밖에
- and besides 게다가 또,
- not all 반드시(모두다) …한 것은 아니다.
- 부정어 not은 all, both, every, always 등과 함께 쓰여 부분 부정을 나타낸다.
- offer courses 과정이 있다.
- I'm afraid my English is …나의 영어가 …아닌가 걱정스럽다.
- I'm afraid it's going to rain. 비가 오지 않을까 걱정이다.
- too grammar-translation orientated 너무 문법번역 일변도인
- orientated = oriented 경향의, 일변도의, 방향 지어진, 지향의
- put …first …을 위주로 하다, …을 우선하다.
- listening comprehension 청취능력
- from now on 지금부터는, 앞으로는
- up to now = till now 지금까지는
- bang away 열심히 하다.

## 꽃다발 (A Bunch of Flowers)

옆집에 살았던 아주머니를 우연히 만났다. 그녀는 나를 보고 반가워했다. 그녀는 우리식구 모두의 안부를 물었다. 나는 나의 급우인 그녀의 아들 동수의 안부를 물었다. 불행히도 동수는 팔이 부러져 병원에 입원하고 있다. 꽃다발을 들고 그의 병실로 들어갔다. 꽃을 주며 그의 손을 꼭 쥐었다. 침대 옆에 앉아 위로했다. 내가 가지고 간 꽃이 그의 방을 환하게 했고 그의 표정도 밝아졌다. 안심할 수 있었다. 누군가 잘 돌보고 있었고 전혀 괴로운 기색이 없었다.

Ran into the lady who had lived next door to me. She rejoiced to see me. She inquired after every member of my family. Inquired after her son Dong-su, my schoolmate. Unfortunately Dong-su is in the hospital with a broken arm. Walked into his hospital room with a bunch of flowers. Presenting Dong-su with the flowers, squeezed his hand. Sat by his bed and cheered him up. Those flowers I took brightened up his room and his face brightened [up], too. Could set my heart at ease. He was being well taken care of and didn't seem to be suffering at all.

**NOTES**

◎ run into …을 우연히 만나다.
◎ 우리 옆집은 next door to me이다.
◎ rejoice 반가워하다.

176

- inquire after …의 안부를 묻다, 병문안하다.
- with a broken arm 팔이 부러져
- every member of my family 나의 식구 모두
- walk into …에 들어가다, 구어로 수월하게 직장을 구하다, …에게 욕설을 퍼붓다, …을 용감하게 공격하다, 함정 등에 부지불식간에 빠지다.
- walk in은 안으로 들어가다, (직장을) 쉽게 구하다.
- walk it 구어로 걷다, 걸어가다.
- walk off 죄인 등을 끌고 가다, 떠나가다, 떠나가게 하다.
- a bunch of flowers 꽃다발
- with는 소지, 휴대의 뜻으로 …을 가지고, 몸에 지니고
- presenting Dong-su with …동수에게 …을 건네주면서.
- squeeze 무슨 의미가 있는 듯이 꽉 쥐다, 꼭 껴안다, 압착하다, 죄다, 짜내다, 굳게 악수하다, 밀어 넣다, 쑤셔 넣다.
- cheer up 위로하다, 기분 좋게 하다, 격려하다, 기운을 북돋우다, 기운이 나다
- 명령법으로 쓰여 기운을 내라, 이겨라
- Those flowers I took 내가 가지고 간 그 꽃들
- brighten up 환하게 하다, 기분을 명랑하게 하다. 자동사로 쓰여 반짝이다, 빛나다, 밝아지다, 기분이 명랑해지다, 행복해지다, 표정이 밝아지다.
- set my heart at ease. 안심하다.
- be being well taken care of. 잘 돌봐지고 있다. 잘 돌보고 있다.
- suffer 자동사로 괴로워하다, 고생하다, 고민하다, 고통을 겪다, 앓다.
- Shall we walk it? 우리 걸을까요? (걸어갈까요)
- Let's walk it. 걷자(걸어가자)

# 후덥지근한 날 (A Sultry Day)

잠을 깼을 때 머리가 띵했다. 학과를 복습하고 자정까지 예습을 했다. 잠자리에 들었지만 1시가 넘도록 까지 잠을 이룰 수 없었다. 또 무더워 질 것 같다. 좀 나른해진다. 정오경에 온도가 섭씨 29도에 올랐다. 오후에는 더 무더워 질 것 같다. 지겹다. 지난 2, 3일 동안 날씨가 구질구질했다. 장마를 알리는 예고일지도 모르겠다. 아니나 다를까 비가 후두둑 오기 시작했다. 몸이 불편하다.

When awoke, my head felt dull. Reviewed my lessons and worked ahead till midnight. Went to bed but couldn't get to sleep until after one. Fancy that it is going to be sultry again. It makes me rather languid. The thermometer stood at 29 degrees centigrade at about noon. Fancy that it is going to be sultrier in the afternoon. It makes me tired. For the last two or three days it gas been miserable. It may be a herald of the rainy season. Just as was expected, it began to springle. Feel miserable.

## NOTES

○ awake는 자동사로 잠에서 깨다, 눈을 뜨다. 타동사로 자는 사람을 깨우다, 형용사로 자지 않고, 눈을 뜨고
○ awake or sleep 자나 깨나
○ be awake to …을 알아채고 있다.

178

○ keep awake 자지 않고 있다.

○ feel dull 머리가 띵하다.

○ dull 둔하게 또는 무지근하게 느껴지는.

○ review the lessons. 복습하다.

○ work ahead. 예습하다.

○ get to sleep. 잠을 이루다.

○ until after one. 한시가 넘도록 까지.

○ fancy that절 …일 것(…할 것) 같다.

○ makes me rather languid. 좀 나른해 진다.

○ make + 목적어 + 보어의 형태로 …이 되게 하다. …으로 만들다, …을 …으로 보이게 ㅎ다, 일, 시를 …으로 정하다.

○ sultry 날씨가 무더운.

○ miserable은 구구절절한, 몸이 불편한.

○ dull은 우중충한, 흐린, 후텁지근한.

○ rather 다소, 조금

○ languid 나른한, 노근한, 축 늘어진, 기운이 없는, 활기가 없는, 마음이 내키지 않는, 흥미 없는, 관심 없는.

○ be languid about …에 대해 열의가 없다.

○ stand 온도계가 …을 가리키다. 높이, 값, 정도 등이 …이다.

○ centigrade 섭씨

○ sultrier sultry의 비교급

○ tired 지겨운

○ a herald of …의 예고

○ just as was expected 아니다 다를까

○ sprinkle. 후두둑 오다.

○ feel miserable. 몸이 불편하다.

## 104 공산화의 망상
### (Fanatic Dream of Communizing)

한국 동란이 끝난 지 벌써 반세기가 지나갔다. 1950년에 북한이 전쟁을 일으켰다. 질질 끄는 전쟁에서 쌍방이 불행했다. 전쟁동안 수천만 명이 죽고 없었던 천만 이산가족이 생겼다. 북한은 전부터 한반도의 적화통일 망상을 품어왔다. 비극적인 동족상잔이었다. 북한군이 남한을 침략했을 때 국군은 잘 갖추어진 침략군의 맹렬한 공격을 저지하려는 경찰력 정도이었다.

Half a century have already passed since the close of the Korean War. The North Korean communists brought on the war in 1950. It was a long-drawn war and neither of us were happy. Hundreds of thousands of people were killed during the war and about ten million separated families have come into being. They have nursed fanatic dream of communizing the entire Korean Peninsula. It was a tragic internal struggle. When they invaded South Korea the Korean Army was little more than a police force trying to hold back the furious attacks of a well equipped invading force.

---

**NOTES**

- half a century 반세기
- a quarter of a day 반나절
- half an hour 반시간
- communist 공산주의자

○ bring on the war 전쟁을 일으키다.

○ struggler 노력가, 분투하는 사람

○ a struggle with disease 투병

○ a long-drawn war = a protracted war 질질 끄는 전쟁

○ neither of us were. …쌍방이 …하지 않았다.

○ hundreds of thousands of people 수십만 명의 사람들

○ separated family 이산가족

○ come into being. 없던 것이 생기다.

○ They have nursed. 품어왔다.

○ nurse 품다

○ fanatic dream of …의 망상

○ communizing the entire Korean Peninsula 전 한반도의 적화

○ a tragic internal struggle 비극적인 동족상잔

○ invade 침략하다

○ little more than …될까 말까한 정도, …와 거의 마찬가지로 적은(짧은) 것, 남짓

○ police force trying to …하려는 경찰력

○ try 앞에 주격관계대명사와 be동사가 생략되었음.

○ hold back. 저지하다.

○ furious attacks 맹렬한 공격

○ well- equipped 잘 갖추어진, 좋은 무기를 갖춘

○ invading force 침략군

○ tragic 비극의, 비극적인, 비참한, 애처로운, = tragical

○ internal troubles 내분

○ internal 내부의, 내국의, 국내의, 내면적인, 본질적인

○ struggle 싸움, 투쟁, 몸부림, 노력, 악전고투, 애쓰다, 고심하다, 몸부림 치다, 발버둥 치다.

# 장마 (The Rainy Season)

장마철에 접어들었다. 이 구질구질한 날씨가 계속될 것 같
다. 신문에 의하면 이 상태가 한 달간 계속된다고 한다. 비
가 닷새째 계속 내리고 있다. 오랫동안 계속되는 비 때문에
한강 물이 많이 불어서 위험수위에 육박하고 있다. 지하실
에서는 곰팡이 냄새가 나고 모든 것이 눅눅해졌다. 계속 내
리고 있는 폭우 때문에 농경지 십만 핵타가 침수되어 있다.

The rainy season has set in. Fancy that this miserable weather will
continue. According to the newspapers this will last for a month. It
has been raining for five days on end. Owing to the long continued
rain the Han River has risen frightfully and it is coming to the
dangerous water level. The basement is musty and everything
became damp. Owing to the long-drawn heavy rain hundred
thousand hectare of farm land has been flooded.

### NOTES

- set in 계절 등이 시작하다, 병, 유행 등이 생기다, 일어나다, 퍼지다, 정해지다, 굳어지다, 밤이 되다, 좋지 않은 일 등이 시작되다.
- at the (very) thought of (that) …이라고(일 것이라고) 생각만 해도
- this miserable weather 이 구질구질한 날씨
- make me tired. 지겨워지다.
- according to …에 의하면
- (I) Fancy that …라고 생각되다, 믿다
- this 이 사태

182

- last for a month. 한 달간 계속되다.
- last 계속하다, 지속하다, 견디다, 상하지 않다, 오래가다, 질기다.
- has been raining. 현재완료 진행형으로 계속오고 있다.
- on end 계속하여, 곤두서서
- owing to … 때문에 = on account of (전치사구로 쓰임)
- the long-drawn 오래 계속되는, 길게 이어지는
- has risen은 rise의 현재완료형으로 rise는 (물이) 불다.
- frightfully 무섭게, 겁나게, 무시무시하게, 구어로 지독히
- and it is coming to. …그래서 그 상황이 …에 육박하고 있다.
- the dangerous water level 위험수위
- basement 지하실
- cellar 땅광, 저장용 지하실
- shelter 피난용 지하실
- is musty 곰팡내가 나다.
- become damp 눅눅해지다.
- heavy rain 폭우
- hundred thousand 10만
- hectare 핵타 1만 평방미터
- farm land 농지
- has been flooded. 침수되어 있다.
- flood 홍수, ~로 범람
- vt. 범람시키다, 물에 잠기게 하다, 넘치게 하다.
- vi. 범람하다, 밀려오다, (홍수처럼) 와락 쏟아져 들어오다.

## 천둥소리 (Rolls of Thunder)

**106**

눈을 떴을 때 멀리서 천둥소리가 들려왔다. 급우를 만나서 맛있는 음식을 먹을 생각을 하니 기쁘다. 우산을 휴대하고 다니는 것이 몹시 싫은데 어머니는 비 맞지 않기 위해 우산을 가지고 가라고 하셨다. 우산을 가지고 간 것이 다행이었다. 학교에서 집으로 오는데 비가 억수로 쏟아졌다. 만일 우산을 가지고 가지 않았더라면 흠뻑 젖었을 것이다. 오늘은 몹시 바빴다. 졸음이 슬슬 온다. 잠이 부족하다.

When awoke rolls of thunder were heard in the distance. Was glad thinking that I would meet a classmate for good eating. Hate to carry an umbrella but mother told me to take an umbrella lest I should be caught in the rain. (It's) A good thing I took an umbrella. It rained cats and dogs on my way home from school. If I had not taken an umbrella, I would have got soaked to the skin. Had my hands full. Feel a sandman coming. Have not had enough sleep.

**NOTES**

○ awake 잠이 깨다, 눈을 뜨다, 과거는 awoke
○ rolls of thunder 천둥소리
○ be heard. 들려오다.
○ in the distance 멀리서
○ was [it] glad thinking that. 절 ⋯할 것을 생각하니 기쁘다.
○ for good eating 맛있는 음식을 먹을 목적으로

- good eating 맛있는 음식
- roll 울림, 연타
- hate 언짢게 생각하다, …하고 싶지 않다, …미워하다, 몹시 싫어하다, 증오하다, 혐오하다, …에 극도의 반감을 품다.
- carry 휴대하다, 지니다, 나르다, 운송하다, 들고 가다, 지고가다, 업고 가다.
- lest …[should] …하지 않게, …하면 안 되니까 = for fear that …
- be caught in the rain. 비를 만나다.
- be caught in the shower. 소나기를 만나다.
- (It's) A good thing 주어 + 동사 …하길 잘했나, …하길 나행이다.
- rain cats and dogs. 비가 억수로 오다.
- cats and dogs 속어로 싸구려 증권, 하찮은 상품
- on my way home from …에서 집으로 오는 길에
- If 주어 + had not + 과거분사, 주어 would have + 과거분사는 가정법 과거완료의 공식으로 만일 …하지 않았더라면 …했을 것이다.
- get soaked to the skin. 흠뻑 젖다.
- soak vt. 적시다, 담그다, 젖게 하다, vi. 젖다, 잠기다, 베어들다.
- soaked 흠뻑 젖은, (가슴에) 스며든, 저넘하는, 몰두하는. 속어로 잔뜩 취한.
- He is soaked in study. 그는 연구에 몰두하고 있다.
- Do hide it lest she [should] see it. 그녀가 보면 안 되니까 꼭꼭 감추어라.
- a sandman. 잠귀신
- have my hands full. 몹시 바쁘다.
- have not had enough sleep. 잠이 부족하다.

## 숨 막히는 더위 (Suffocating Heat)

장마가 걷히면서 태양이 내려쪼여서 날이 뜨거웠다. 숨 막히는 더위가 계속될 것을 생각하니 괴롭다.(고민이다.) 나는 더위에 약하다. 어머님은 가끔 내가 더워하는 것 같다고 말씀하신다. 더위를 먹지 않도록 조심하라고 말했다. 더위 이야기가 나와서 말인데, 할아버지께서는 일본 제국주의 치하에서 중학교 학생일 때 일사병으로 기절하여 쓰러졌던 일이 기억난다고 하신다. 어떤 방법으로 더위를 피할지 모르겠다. 적당한 방법을 강구해야겠다.(방법을 세우겠다.)

The rainy season being over, the sun beat down and it was very hot. Am in an agony thinking that suffocating heat will continue. Am sensitive to the heat. Mother sometimes says I seem to feel hot. She told me to be careful not to suffer from hot weather. Speaking of the heat, my grandfather says[that] he remembers fainting from the heat and falling down on the playground when he was a middle school boy under the rule of Japanese imperialism. Do not know how to escape the heat. Will draw up a proper plan.

### NOTES

- being over는 is[was] over[끝나다]의 분사구문이다.
- beat down 압도하다, 넘어뜨리다, 눕히다, 값을 깎다.
- be in an agony thinking that 절 …할 것을 생각하니 고민이다, 괴롭다.
- suffocating 숨 막히는

- be sensitive to ···에 약하다, (더위, 추위)를 잘 타다, ···에 민감하다.
- sensitive 민감한, 느끼기 쉬운, 감각이 예민한, 감정이 상하기 쉬운
- seem to feel hot. 더워하는 것 같다.
- be careful not to ···하지 않도록 조심하다.
- suffer from hot weather. 더위를 먹다, 더위로 고생하다.
- speaking of ···의 말이 나와서 말인데
- speaking for ···에 대해서 말씀드리면
- remember+동사ing는 과거에 ···했던 일이 생각나다.
- remember to 부정사는 앞으로 ···할 일을 기억하고 있다.
- faint from the heat 일사병으로 기절하다.
- fall down 쓰러지다.
- under the rule of Japanese imperialism 일본 제국주의 치하에서
- rule 지배, 통치 = control
- imperialism 제국주의, 영토 확장주의, 개발도상국 지배(정책), 제정
- know how to ···하는 방법을 알고 있다.
- escape [avoid] the heat. 더위를 피하다.
- draw up a proper plan. 적당한 방법을 세우다.

## 공중도덕 (Public Morality)

옆집에 사는 아저씨가 경고에도 불구하고 거리에다 쓰레기를 버리다가 들켰다고 한다. 쓰레기 불법 투기로 백만 원의 벌금에 처해졌다. 경고판에는 쓰레기 버리면 백만 원 벌금이라고 쓰여 있다. 우리 모두는 공중도덕을 지켜야겠다. 함부로 말해서는 안 된다. 길에다 함부로 침을 뱉어서는 안 된다. 열차를 몰래 타서는 안 된다. 몰래 재미를 보아서는 안 된다. 그리고 새치기를 해서는 안 된다.

An told a man of my parent's age who lives next door to me was caught in the act of littering in spite of a notice. He was fined 1,000,000won for illegal abandonment. The notice says, '1,000,000won Fine for Littering.' We all should take care not to trouble others : take care not to talk without thinking, not to steal a ride on a train, and not to spit on the pavement, Do not take pleasure on the sly and Do not cut in the line.

### NOTES

- a man of my parent's age 아버지 나이의 남자 분, 아저씨
- who lives next door to me 옆집에 살고 있는
- was caught in the act of ~ing …하다가 들키다.
- be caught 들키다.
- in spite of …를 무시하고, …에도 불구하고, …을 무릅쓰고.
- notice 경고, 공고, 게시

- fine 벌금, 과료, 벌금을 과하다, 과료에 처하다.
- fine and dandy 아주 멋진, 아주 훌륭한.
- be fined + 벌금액 + for …로 얼마의 벌금을 물다.
- for illegal abandonment 불법투기로
- The notice says, 게시(경고, 예고) 는 …라고 쓰여 있다.
- 1,000,000won Fine for Littering 쓰레기 버리면 벌금 백만 원
- take care not to trouble others. 공중도덕을 지키다. 남에게 폐를 끼치지 않도록 조심하다.
- take care not to …하지 않도록 조심하다.
- not to talk without thinking 함부로 말하지 않도록
- not to seal a ride 몰래 타지 않도록
- not to spit on the pavement 길에 침을 뱉지 않도록
- take pleasure on the sly. 몰래 재미를 보다.
- take care not to cut in the line. 새치기하지 않도록 조심하다.
- My first care is …내가 먼저 해야 할 일은
- in the care of …의 보호 하에, …의 보살핌을 받고 = under the care of…
- take care 조심하다, 처리하다
- care about …에 마음 쓰다, …에 관심을 가지다.
- I couldn't care less. 구어로 전혀 관심이 없다.
- I'm barely of age. 나는 이제 막 성년이 되었다.
- barely escape death. 간신히 목숨을 건지다.

## 늦잠 (Morning Sleep)

늦잠을 좀 잤다. 조반을 먹는 둥 마는 둥 하고 허둥지둥 집을 나섰다. 간신히 조회시간에 댔다. 숨이 가빴다. 조회시간에 대어 다행이었다. 수업시간은 아침 아홉시부터 오후 4시까지였다. 수업 중에 깜박 졸았다. 선생님한테 들키지 않도록 살짝 졸았다. 방과 후에 집으로 오는 길에 빨간불을 무시하고 길을 건너다가 순찰 근무 중이 두 경찰관에게 들켰다. 대형차 한 대가 복잡한 교차로에서 정지 신호등을 무시하고 질주하는 것을 목격했다. 교통 경찰관이 당황해 보였다.

Overslept a little. Left the house hurriedly, taking my breakfast in a hurry. Was barely in time for the morning meeting. Was short of breath. Was fortunate to be in time for the morning meeting. School hours were from nine to three. Dozed off in class. Dozed off on the sly so the teacher didn't catch on. On my way home after school. Was caught by two policemen on patrol while crossing the street against a red light. Saw a large truck running a red light at a busy intersection. The traffic police looked embarrassed.

**NOTES**

- oversleep 늦잠 자다.
- leave the house. 집을 나서다.
- hurriedly 허둥지둥

- I need you in a big hurry. 급히 너의 도움이 필요하다.
- taking my breakfast in a hurry. 조반을 먹는 둥 마는 둥 하고
- in a hurry 허둥지둥, 급히
- be barely in time for …에 간신히 대다.
- barely 간신히, 겨우, 가까스로, 거의 …않다, 노골적으로
- in time for …꼭 좋은 때에
- be short of breath. 숨이 차다.
- be fortunate to be [to do…] 다행히도 …하다(했다)
- school hours 수업시간
- in class 수업 중에
- doze off 깜빡 졸다.
- on the sly 살짝, 남몰래
- so the teacher didn't catch on 선생님한테 들키지 않도록
- catch on. …하고 있는 것을 발견하다, 현장을 목격하다.
- be caught by. …에게 들키다.
- two policemen on patrol 순찰 중인 두 경찰관
- while crossing 건너다가
- against red light 정지 신호를 무시하고
- run a red light. 정지신호에 달리다.
- at a busy intersection 복잡한 교차로에서
- look embarrassed. 당황해 보이다.
- intersection 도로의 교차점
- embarrassed 어리둥절한, 당혹한, 창피한, 무안한, 난처한, 금전적으로 쪼들리는, 궁한

## 굉장한 날 (The Great Day)

**110**

두세 달 전에 아버지, 어머니께서 나의 생일선물로 강아지를 사주신다고 나에게 약속하셨다. 마침내 그 대단한 (굉장한) 날, 생일이 왔다. 세 사람은 차를 몰고 충무로에 갔다. 애완동물 상점에 들렀지만 어느 강아지를 선택해야 할지 결정하는데 어려웠다. 상점 주인은 내가 마음대로 고르도록 했다. 나는 닥스훈트 종의 강아지를 골랐다. 아버지와 어머니는 마음에 드는 것을 선택했다고 하셨다.

A few months ago father and mother promised me to get me a puppy for my birthday. The great day finally arrived. Three of us drove out to Choongmu-ro. We stopped at a pet shop but I had a hard time trying to decide which puppy I chose. The shopkeeper offered me a choice. Picked out a dachshund puppy. Father and mother told me [that] I had made [taken] their choice.

**NOTES**

- promise+목+to부정사
  주어는 목적어에게 to부정사 하겠다고 약속하다.
- Father and mother promised me to buy[get] me a puppy.
- for my birthday 나의 생일 선물로
- The great day 대단한 날, 굉장한 날(자기 생일을 일컬음)
- arrive 때가 오다, 도래하다
- the three of us는 아버지, 어머니 그리고 나

○ drive out 드라이브 가다, 좇아내다, 배격하다.

○ pet shop 애완동물점(귀염둥이점)

○ have a hard time [of it] 혼이 나다, 욕보다.

○ offer ~ a choice …에게 마음대로 고르도록 하다.

○ choice 선택의 기회, 선택권, 선택한 것(사람), 선택의 신중

○ with choice 신중히

○ pick out 고르다, 뜻을 해독하다, 파내다, 쪼아내다, 찍어내다, 장식하다.

○ pick over 엄선하다, 자세히 검토하다, 곧 쓸 수 있게 준비하다.

○ pick up heart = pick up one's courage 용기를 불러일으키다, 기운을 내다.

○ dachshund 닥스훈트 종의 개(사냥용)

○ make [take] one's choice. 마음에 드는 것을 택하다.

○ of choice 정선한, 특상의

○ of one's own choice 자기가 좋아서

○ the girl of one's choice 자기가 고른 여자

dash(-) 단어, 또는 어구를 강조하기 위하여 다른 것과 분리할 때, 문장 안에서 주제를 갑작스럽게 바꿀 때

○ great 구어에서 : 굉장한, 신나는, 재미난, 멋진, 훌륭한, 대단한

## 동수의 초대 (Dong-su's Invitation)

**111**

급우 동수가 일요일 저녁식사에 나를 초대했다. 동수는 나에게 소개시켜 줄 수 있을 만한 미국인 친구가 있다고 하면서 내가 배운 영어를 연습할 수 있다고 했다. 나는 꼭 만나보고 싶다고 했다. 동수의 부모님과 동수의 누이동생을 만나본 적이 없다. 그의 집에 도착했을 때 동수와 그의 여동생이 출입문에서 나를 맞이했다. 동수는 그의 누이동생 선미를 소개했다. 그리고 우리 모두는 거실로 들어갔는데 부모님들이 TV를 보고 계셨다. 동수는 내가 그의 부모님께 인사드리길 원해서 인사를 했다. 그의 미국인 친구는 이미 거기에 와 있었다. 식사 전에 동수는 나를 소개했다. 나는 그의 미국인 친구와 영어로 말할 수 있는 좋은 기회를 가졌었다.

Dong-su one of my classmates invited me to his home for dinner Sunday evening. Dong-su told me he had an American friend he could put me in touch with and I could practice my English with him. I said I'd love to meet him. I have never met Dong-su's parents and his sister. When I arrived at his home, Dong-su and his sister met me at the door. Dong-su introduced Sun-mi his sister to me. Then we all went into the living rood, where his parents were watching television. Dong-su wanted me to meet his parents and (I) did so. His American friend was already there.
Before dinner Dong-su introduced me to him. I had a good chance to talk with him in English.

○ in touch with …에 접촉(동정, 일치)하여

○ put me 어떤 상태로 만들다, …상태로 두다, 사람을 어떤 상태에 이르게 하다.

○ practice 배운 것을 연습하다.

○ I'd love to… 나는 꼭 …하고 싶다.

○ I have never met. 전혀 만나본 적이 없다.

○ arrive at …에 도달하다.

○ meet 마중하다, 마중 나가다, 아는 사이가 되다, 면회하나, 충족시키나, 처음으로 상면하다, 회합하다, 소개받아 아는 사이가 된다.

○ where 관계부사의 계속적 용법, 거기에는, 거기에서

○ Dong-su wanted me to meet his parents에서 meet은 처음으로 상면한다는 뜻이 된다.

○ I want you to meet my wife. 나의 부인과 인사나 하시죠.

○ meet the case. 안성맞춤이다.

○ meet up 구어로 …와 우연히 만나다. 동물 등과 마주치다.

○ have a good change to …할 좋은 기회를 얻다.

○ chance one's arm[luck] 구어로 실패를 각오하고 해보다, 성공의 기회를 잡다.

○ chance the consequence. 성패를 운에 맡기다.

○ on the chance of[that…] …을 은근히 기대하고

○ The chances are[that]. …구어로 아마 …할 것이다.

○ the main chance 절호의 기회, 사리나 이익을 도모할 기회

○ give oneself half a chance. 구어로 좀 더 분발하다.

○ stand a good chance of …의 가망이 충분히 있다.

○ stand no chance against …에 대하여 승산이 없다.

○ chance it 운에 맡기고 해보다 = risk
　whatever the outcome 결과가 어찌되든

MONTH.　DATE.

## 112 친절심(호의)에서 (Out of Kindness)

새벽 같이 일어났다. 일찍 일어나는 것은 기분이 좋다. 어김없이 식전 기도를 했다. 산은 구름에 덮이고 태양은 구름에 가렸다. 나는 하나님의 말씀을 듣기위해 교회에 다닌다. 하나님을 믿고 그리고 숭배한다. 교회로 통하는 층계는 조금 높다. 계단을 오르는데 한 노인 할머니가 계단을 오르는 것을 보았다. 힘에 부친 듯 했다. 부축해서 계단을 올랐다. 노인은 나를 만나 기뻐하는 듯 했다. 나의 친절에 대단히 고마워했다.

Rose with the sun. It is pleasant to get to up early. Did not fail to say grace before meal. The mountain was wrapped in clouds. The sun was hidden by a cloud. Go to church for in word of God. Believe in God and revere God. The stairs leading to the church are rather long[steep]. Going up the stairs, saw an old woman going up. she seemed weak. Helped her go up. She was very grateful to me for kindness.

**NOTES**

◎ rise with the sun. 새벽같이 일어나다.
◎ rise with the lark = be up with the lark. 일찍 일어나다.
◎ It is pleasant to …하는 것은 기분 좋다.
◎ do not [does not] fail to …어김없이 …하다.
◎ say grace. 식사 전후에 기도하다.
◎ revere 숭배하다, 존경하다, 경외하다.

- grace 식사 전후의 감사기도, 은총, 우아
- be wrapped in clouds. 구름에 덮이다.
- wrap 감싸다, 감추다, 덮어 싸다
- be hidden by a cloud. 구름에 가리다.
- hidden-hide-hidden 감추다, 숨기다, 숨다, 잠복하다.
- hide oneself. 숨다.
- hide one's head[face] 두려워 또는 부끄러워 사람 눈을 피하다. 머리(얼굴)을 가리다.
- for the word of God 하나님의 말씀을 듣기 위해
- believe in …의 존재를 믿다.
- revere 숭대하다. worship[유의어] 경건한 마음으로 숭배하다.
- reverend 숭상할 만한, 거룩한, 성직자의
- the stairs leading to …로 통하는 계단
- long 계단이 높은
- steep 가파른
- going up the stairs는 when was going up the stairs 내가 계단을 오를 때
- seem weak 힘에 부치는 듯하다.
- seem glad to …하고 기뻐하는 듯하다.
- be very grateful to …for …에 대해 …에게 몹시 고마워하다.
- for kindness 친절에 대해
- have the kindness to …친절하게도 …하다. = be kind[good] enough to. = be so kind as to
- out of kindness 친절심에서, 호의에서
- kindness 친절, 상냥함, 애정, 좋아함, 친절한 행위, 호의

## 113 각지를 여행하는 노부부
(An Old Couple Traveling From Place To Place)

학교에서 집으로 오는 길에 우연히 미국에서 온 노부부를 만났다. 그들은 각지를 여행하는 중이었다. 그들은 길을 잘못 들고 있었다. 남대문 시장 가는 길을 가르쳐주었다. 다행히도 나는 그들과 같은 방향이어 사적인 질문을 할 수 있었다. 이번이 한국의 두 번째 방문이었다. 1955년 5월에 처음 왔었다. 나는 호기심에서 그들에게 1955년의 한국의 사정이 어땠었는지 물었더니 그들의 말은 다음과 같았다.

On my way home from school. Ran into an old couple from the United States. They were traveling from place to place. They were taking a wrong way [turn]. Showed them the way to Namdaemun Market. Fortunately. Going their way. [I] Gould ask them a few personal questions. This was their second visit to Korea. The first visit was made in May in 1955. Out of curiosity. Asked them how matters stood in Korea in 1955. Their words were as follows.

### NOTES

◎ run into ···을 우연히 만나다.
◎ an old couple (who were) from ···에서 온 노부부
◎ travel from place to place. 각지를 여행하다.
◎ take a wrong way. 길을 잘못 들다.
◎ across the way 길 건너편에
◎ miss one's way. 길을 잃다. = be lost
◎ a long way off 멀리 떨어져서, 먼 곳에

- all the way 도중 내내, 먼 길을 무릅쓰고
- show ~ the way to …에게 …로 가는 길을 가르쳐주다.
- going their way는 as I was going their way의 분사구문이다. 나도 그들과 가는 방향이 같았기 때문에…
- ask them a few personal questions. 그들에게 사적인 질문을 하다.
- this was …이번이 …있다.
- the first visit was made. 첫 방문을 했다.
- make a visit to … = give a visit to …을 방문하다, 심방하다, 구경하다, 참관하다, 순회하다, 문안하다.
- out of curiosity 호기심에서
- how matters stand 사정(사태, 상황)이 어떠한지
- matters 사정, 사태, 상황
- stand (어떤 상태에) 있다, (높이가) …이다, 참다.
- their words are as follows. 그들의 말은 다음과 같다.
- stand는 보어나 부사구와 같이 쓰여, 어떤 상태, 관계, 입장에 있다.
- stand first in one's class 반에서 일등이다.
- The gate stood open. 대문은 열려 있었다.

## 1950년대의 한국
### (The Korea In 1950's)

한국도시의 인근 도로들이 비포장이었고 여행할 수 있는 유일한 방법은 열차뿐이었다. 청소부들이 청소를 하지 않아서 도로와 주위가 지저분했다. 그 당시에 시골에서는 촛불을 켜고 책을 읽었으며 텔레비전이 없었다. 농부들은 농기계도 없고 화학비료나 살충제도 없어서 그들의 생산을 향상시킬 수 없었다. 한국은 자동차를 수입했고 한국 사람들은 너무 가난해서 그들의 주변(처지)을 향상시키는데 돈을 쓸 수가 없었다.

The neighborhood streets of Korean cities were unpaved and the only way to ravel was a trains. The streets and neighborhoods were dirty because public sweepers didn't keep them clean. In those days in the countryside people read by candlelights. They did not have televisions. Farmers were unable to improve their yields because there were not farming machines, chemical fertilizers and pesticides. Korea imported automobiles and Koreans were so poor that they were unable to spend money on improving their surroundings.

**NOTES**

○ neighborhood 근처, 인근, 이웃, 주위, 지역, 지방
○ unpaved 포장되지 않은, 돌을 깔지 않은
○ the only way to 하는 유일한 수단(방법)
○ dirty 더러운, 불결한, 흐린, 탁한, 상스러운, 추잡한, 음란한

- messy 어질러진, 흐트러진, 산란한, 지저분한, 너절한, 일등이, 성가신, 귀찮은, 몸을 더럽히는, 너무 감상적인
- public sweepers 시 청소부
- didn't keep them clean. 그곳들을 깨끗이 유지하지 않다.
- keep + 목적어 + 보어의 형태로 쓰여 어떤 상태를 유지하다.
- in those days 당시에는
- in the countryside 시골에서는
- be unable to …be able to의 부정
- unable 할 수 없는, 무력한, 약한, 무능한, 자격이 없는
- improve ~ yield 생산량을 향상시키다.
- a large yield 풍작
- yielding 하라는 대로 하는, 고분고분한, 다산의 수확이 많은, 유연한, 모양을 바꿀 수 있는, 굽기 쉬운, 굽힐 수 있는
- There were not …이 없었다.
- farming machines 농기계
- chemical fertilizer 화학비료
- pesticides 살충제, 구충제
- so poor that 너무 가난해서…
- spend money on …데에 돈을 쓰다.
- improve ~surroundings …처지를 (주면) 향상시키다.

## 도서관 (Library)

전문도서와 교양도서를 대출하려고 도서관에 갔다. 무척 붐볐다. 도서관원에게 나의 신분증을 보여주었다. 책을 대출하기 전에 대출카드를 만들어야 했다. 한 번에 다섯 권을 대출할 수 있고 2주일 동안 이용할 수 있었다. 내가 참고하고 싶은 책들이 없었다. 도서관원이 그 책들이 대출되었다고 하면서 반납이 되는대로 연락해 준다고 했다. 만일 책 반납이 늦어지면 하루에 천원을 물어야 한다.

Went to the library to check out a special book and a cultural book. The library was very crowded. Showed the librarian my ID card. Needed to have a library card before I checked out those books. Could check out up to five books at a time and could have them for two weeks. Those books I wanted to refer were not there. The librarian told me that they had been checked out and he would let me know as soon as they were returned. If I return the books late, I have to pay one thousand won a day.

**NOTES**

○ check out a book. 책을 대출하다.
○ a special book 전문도서
○ a cultural book 교양 도서
○ librarian 도서관원
○ need to …해야 하다, …할 필요가 있다, …하지 않으면 안 된다.

○ a library card 대출카드

○ check out up to …까지 대출하다.

○ at a time 한번에

○ could have them for two weeks. 2주 동안 가지고 있을 수 있다.(2주일 이내에 반납해야 한다.)

○ those books I wanted to refer 내가 참고하고 싶은 그 책들

○ The librarian told me that they had been checked out에서 had been checked out은 told보다 앞선 시제로 have been checked out이 바뀐 것이다.

○ would let me know. 나에게 연락할 것이다.

○ as soon as they were [are] returned 반납되는 대로 곧

○ return the books. 책을 반납하다.

○ check out. 도서관에서 책 등을 대출하다, 호텔 등에서 셈을 치르고 나오다, 퇴근하다, 일치하다, 부합하다, 죽다, 슈퍼마켓에서 점원이 물건의 계산을 하다, 손님이 물건의 계산을 하다, 손님이 물건의 계산을 치르고 나오다, 성능이나 안전성을 충분히 검사하다.

○ check in. 수속하여 화물 등을 받아드리다, 호텔 등에 기장하고 투숙하다, 공항에서 탑승수속을 하다, 타임리코더 등으로 회사에 출근했음을 알리다, 출근하다, 도착하다.

○ check off. 퇴근하다, 급료에서 공제하다, 대조표시를 하다.

○ check over. 틀림이 없는지 자세히 조사하다.

○ check up. 조사하다, 확인하다, 검토하다, 대조하다, …의 건강진단을 하다.

### 태권도 (Taekwondo)

무술 체육관 태권도 도장에 갔었다. 사범이 시범을 보여주
었다. 벽돌과 강한 판자를 맨손으로 부수고 깼는데 손뿐
만 아니라 발로도 했다. 시범 후 사범은 나와 현재 거기에
서 태권도를 배우고 있는 외국인 학생과 시합을 시켰다. 우
열을 가릴 수 없는 고전이었다. 한국에서 태권도를 배우는
외국인 학생들 중에는 한국인 상대를 이길 수 있는 사람도
있다. 우리는 회원이 70명인데 숨을 죽이고 구경했다. 경기
는 무승부로 끝났다.

Went to Dojang, a marshal art gymnasium. The Taekwondo
instructor gave us a good example. He smashed bricks and broke
strong wood boards with his bare hand not only with his hand but
also with his feet as well. After showing an example the instructor let
me have a match with a foreign student learning Taekwondo there.
The game was close and tough. Some foreign students learning
Taekwondo in Korea can beat their Korean antagonist[match] We
have a membership of 70. They watched the game breathlessly. The
game ended in a tie.

**NOTES**

○ marshal art gymnasium 무술체육관
○ instructor 사범, 교사
○ give ~ a good example …에게 시범을 보이다.

- smash 때려 부수다, 깨뜨리다, 분쇄하다, 세게 때리다, 두들겨 패다, 파산시키다, 칼, 주먹 등을 세게 내려치다.
- break strong wood boards. 강한 판자를 깨다.
- with his bare had 맨손으로
- not only A but also B A 뿐만 아니라 B도
- as well …도
- showing an example 시범
- let me have a match with …와 시합을 시키다.
- a foreign student learning Taekwondo there 거기서 태권도를 배우고 있는 외국인 학생
- a student learning …에서 a student 다음에 who is가 생략되었음
- close and tough 우열을 가릴 수 없는, 고전을 하는
- can beat. 지게 할 수 있다, 이길 수 있다, 손들게 할 수 있다, 쩔쩔매게 할 수 있다.
- beat 연거푸 치다, 두드리다, 박자를 맞추어 손뼉 등을 치다, 박자를 맞추다.
- antagonist 상대, 경쟁자, 적대자 (match 호적수)
- gave a membership of… 회원이 …이다.
- breathlessly 숨을 죽이고
- end in a tie. = was tied. 무승부로 끝나다.

## 117

### 주중 유일한 날
### (The Only Day of the Week)

일요일이라서 늦게 일어났다. 신문을 대충보고 텔레비전을 봤다. 아침식사를 하면서 이야기를 많이 했다. 일요일은 주중에서 가족이 모두 모이는 유일한 날이다. 우리 아파트는 몇 군데 수리할 필요가 있었다. 아버지는 큰일이 아니면 대부분의 수리는 할 수 있다. 어머니는 아버지에게 선반 두 개를 매주었으면 했다. 나는 아버지를 도와 선반을 만들었다. 아버지께서 집수리에 솜씨가 있어서 목수를 부르지 않고 고칠 수 있었다.

It being Sunday. Got up late. Glanced at the newspapers, and watched television. Spoke much over breakfast. Sunday is the only day of the week when the family are all together. Our apartment needed a few repairs. Father can fix most things himself, if it is not too big a job. Mother wanted father to put up a couple of new shelves. Helped father to put them up. father being handy about the house, we could fix without calling in a carpenter.

### NOTES

◎ It being Sunday는 As it was Sunday의 분사구문이다. 분사구문의 주어와 주문의 주어 (we)가 다르기 때문에 분사구문의 의미상의 주어 It을 문두에 두었음.

◎ glance at. 대충보다, 잠깐보다, 흘긋 보다.

◎ at a glance 첫눈에, 잠깐 보아서

○ at the first glance 첫눈에

○ speak much. 말을 많이 하다.

○ over breakfast 아침식사를 하면서

○ over coffee 커피를 마시면서

○ the only day of the week 주중 유일한 날(요일)

○ when the family are all together 가족이 모두 모이는

○ need a few repairs. 몇 군데 수리해야만 한다.

○ fix most things himself 대부분의 일을 스스로, 남의 힘을 빌리지 않고 하다.

○ if it's not too big a job. 여기서 it은 수리상황이다.

○ too[부사], big[형용사], a[관사] job[명사]는 부 + 형 + 관 + 명의 순서가 된다.

○ 주어 + want + 목적어 + to부정사는 주어는 목적어에게 to부정사 해주길 바라다.

○ a couple of shelves = two shelves

○ a couple of… 두 개의, 두 사람의, (구어로) 수개의, 수명의, 두서넛의

○ put up (선반을) 매다

○ shelf 선반, 복수는 shelves

○ put them up에서 them = shelves

○ Father being handy about the house = As father is handy about the house에서 주문의 주어는 we이다.

○ without calling in …을 부르지 않고, (기술자를 부르지 않고)

○ handy 손재주가 있는, 쓰기 편리한, 다루기 쉬운, 바로 곁에 있는, 곧 쓸 수 있는

○ repairs 복수로 쓰여, 수선(수리, 복구) 작업

208

## 바둑 · 장기
### (Korean Checkers And Chess)

친구들과 바둑 두는 것이 아버지의 유일한 낙이다. 오늘은 아버지와 장기와 바둑을 두었다. 몇 가지 높은 수를 알고 있지만 상당한 기술이 필요하다. 나는 아버지를 당할 수가 없다. 바둑에서는 그를 당할 사람이 없다. 아버지는 장기에서 묘한 수를 놓았다. 나를 세수에 이길 수 있다고 했고, 결국 세수에 지고 말았다. 아버지는 내가 만만치 않은 상대라고 했다. 어머니는 내가 바둑판 앞에서 너무 많은 시간을 보냈다고 말씀하셨다.

Father's sole enjoyment is to play Baduk with his friends. Today I played Jang-gi and Baduk with him. Know some pretty advanced moves but it really requires great skill. Am no match for father. No one is match for father in Baduk. Father made a fine move in Jang-gi. He told me that he could beat me in three moves and I was beaten in three moves. Father told me that I was his strong antagonist. Mother told me that I had spent so much time sitting in front of a board.

**NOTES**

◎ sole enjoyment 유일한 낙
◎ know some advanced moves. 높은 수를 알고 있다.
◎ pretty 부사로 꽤, 상당히, 매우
◎ advanced 고등의, 진보한, 진보적인, 밤이 이슥한

- moves 체스에서 둘 차례, 수, 말의 움직임, 두기
- a clear move = a fine move 묘한 수
- first move 선수(先手)
- know a move or two = know every move. 빈틈이 없다. 약삭빠르다.
- get a move on 구어로 쓰여 행동하다, 서두르다, 나아가다, 종종 명령법 으로도 쓰여, 서둘러라, 나아가기 시작해라.
- 여기서 it은 장기나 바둑이다.
- require great skill. 상당한 기술이 필요하다.
- require 필요로 하다, …할 필요가 있다, 권리, 권력으로 …을 요구하다, 법, 규칙 등이 …을 명하다.
- be a match for …에 필적하다.
- be no match for …에 못 당한다.
- You are more than a match for me. 너는 내게 힘에 겨운 상대이다. make a match. 중매하다.
- meet [find] one's match 호적수를 만나다, 난국에 부닥치다.
- beat 상대, 적을 지우다, 이기다, 손들게 하다, 쩔쩔매게 하다, 속이다, 사취하다, 때려주다, 벌로 때리다.
- be beaten. 지다.
- strong antagonist 강한 맞상대, 강한 적대자, 강한 경쟁자
- spend time 동사ing …하면서 시간을 보내다.
- I spend evenings listening to music. 저녁에는 음악을 들으면서 지낸다.
- a board 장기판, 판자, 칠판, 흑판, 게시판, 바둑판
- Korean checkers and chess 바둑 장기

## 한여름 (Midsummer)

이른 아침의 맑은 공기보다 더 좋은 것은 없다. 한여름이 다가오는 것은 즐겁다. 한여름에 나는 수영을 하지 않고 넘어가는 날이 거의 없다. 특히 여름방학 동안에는 많은 시간을 수영하며 지낸다. 한여름에는 거의 언제나 수영한다. 아버지는 거의 수영을 안 하신다. 아버지는 나와 바둑을 두기를 바라셨고 나는 아버지와 수영하기를 바랐다. 동생이 내 편에 가세했다. 동생의 말이 형세를 결정적으로 만들었다. 우리는 깡충깡충 뛰며 좋아했다. (기뻐 어쩔줄 몰랐다.)

Nothing is better than the fresh air early in the morning. Am delighted that midsummer is getting near. Hardly a day goes by without swimming in midsummer. Especially during the summer vacation Spend much time swimming. Swim almost always in midsummer. Father almost never swims. Father wanted me to join him for Baduk but [I] Wanted father to join me for swimming. My brother took side with me. His words turned the scale. We jumped for joy. [We were floating on air]

NOTES

◎ Nothing is better than …보다 더 좋은 것은 없다
◎ I'm delighted that절 …하는 것은 즐겁다
◎ get near 다가오다.
◎ Hardly a day goes by without + 동명사 …하지 않고 넘어가는 날이 거의 없다.

○ without swimming 수영하지 않고

○ midsummer 한여름

○ especially 특히

○ Spend much time swimming. 수영하며 지낸다.

○ almost always 거의 언제나

○ almost never 거의 …하지 않는다. = 영국에서는 hardly ever

○ 주어 + wanted + 목적어 + to부정사에서 주어는 목적어에게 to부정사 해주기를 바랐다.

○ join 행동을 같이하다, 인접하다, 이웃하다, 교전하다.

○ take side with …에 가세하다, = stand by …에 가세하다.

○ take side with the weaker. 약한 편에 가세하다.

○ stand by the weaker. 약한 편에 가세하다.

○ His words는 his help [his support, assistance] 즉 그의 가세를 뜻한다.

○ turn the scale. 형세를 결정적으로 만들다, 정세를 일변시키다, 저울의 한쪽을 무겁게 하다.

○ turn 변화시키다, 뒤집다, 돌리다, 향하게 하다, 방향을 바꾸다.

○ scale 저울눈, 잣눈, 척도, 눈금, 자 비례, 비율, 정도, 규모, 세법, 등급, 세율, 임금표, 저울접시

○ hang in the scale. 어느 쪽으로도 결정되지 않다.

○ be floating on air. 기뻐 어쩔 줄 모르다.

○ jump for joy. 깡충깡충 뛰며 좋아하다.

○ join 축에 끼다, 참가하다, 한패가 되다, 가입하다, 기다리고 있는 사람과 만나다, 합류하다.

○ join up. 가입하다, 입대하다.

○ join a club. 클럽에 가입하다.

## 수족관 (An Aquarium)

**120**

아버지는 오늘 큰 마음 쓰셨다. 분위기 조성의 일환으로 잉어수조 유리상자를 구입하셨다. 우리 식구 모두가 기뻐했다. 유지비가 아주 많이 든다고 듣고 있다. 좋은 때나 나쁜 때나 잉어들과 벗하겠다. 기분이 좋지 않을 때 유리상자 속을 세상으로 삼고 태평스럽게 헤엄치는 잉어들을 보면 즐거울 (기분 좋을) 것이다. 나의 가족이 늘었다.

Father acted generously today. He had an aquarium set as a part of producing an atmosphere. All my family were happy. I am told that the upkeep casts a great deal. For better or for worse [I] Will have the carps for companions. When in bad mood, it would be pleasant to see the carps swimming peacefully in the aquarium making it their world. my family grew larger.

**NOTES**

○ act generously. 큰마음 쓰다.
○ have [had] an aquarium set. 사람을 시켜 수족관을 놓다. (설치하다)
○ have + 목적어 + 과거분사 내가 하는 것이 아니고 남을 시켜하다.
○ I had my hair cut. 오늘 이발했다.
○ aquarium 수족관, 잉어수조, 유리상자
○ set 놓다, 설치하다
○ generously 풍부하게, 관대하게
○ as a part of …의 일환으로
○ produce[create] an atmosphere. 분위기를 조성하다.
○ cost 비용이 …가 들다.

- in upkeep 유지하는데
- I hear 들었다, …하다더군.
- for better or for worse. 좋은 나쁘든, 좋은 때나 나쁜 때나
- have the carps for companions. 잉어들을 벗을 산다,
  companion 벗 동무, 친구, 동료, 말동무
- when [I am] in bad mood 내가 기분이 나쁠 때
- it would be pleasant to …하면 즐거운 (기분이 좋을) 것이다.
- see the carps swimming peacefully. 걱정 없이 노니는 잉어들을 보다.
- making it their world는 거기를 세상으로 삼아서
- grow[grew] larger. 식구 등이 늘다.
- has[have] grown larger도 같다.
- generously 관대하게, 활수하게, 푸짐하게
- the upkeep costs a great deal. 유지비가 아주 많이 든다.
- I am told that …라고 듣고 있다, 들었다.

# 여름방학
## (The Summer Vacation)

여름방학이 오늘 시작되었다. 여름방학을 손꼽아 기다렸다. 동생과 나는 여름방학 계획을(프로그램) 만들었다. 가장 유익하게 여름방학을 이용하겠다. 여름방학을 이용해서 미국을 여행하고 싶다. 부모님께 허락을 요청했더니 허락하셨다. 이번 여름방학은 대단히 보람 있을 것이다.

The summer vacation began today. Waited for it counting the day on my fingers. My brother and I have made out a schedule on how to spend it. Will make the best use of this summer vacation. Would like to travel to the United States, availing myself of the summer vacation. We asked permission of my parents and they gave us leave. This summer vacation will be very fruitful.

**NOTES**

◌ counting the day on my finger 손꼽아, 손꼽으면서
◌ make out a schedule on ···에 대한 계획을 짜다.
◌ make the best use of ···을 최대한으로 이용하다.
◌ would like to ···하기를 원하다.
◌ availing myself of ···을 이용하여, avail of 구어에 쓰여 ···을 이용하다, 틈타다.
◌ ask permission of ···의 허락을 요청하다.
◌ give us leave. 우리에게 허락하다.
◌ leave = permission 허가
◌ will be very fruitful. 대단히 보람 있을 것이다.

- fruitful 보람 있는, 유리한, 효과적인, 유익한, 열매가 많이 맺는, = effective = worthwhile
- avail 부정문, 의문문에서 …에 도움이 되다, …에 효력이 있다.
- be of avail 도움(소용)이 되다, 효과가 있다. = be available
- be of little avail 거의 쓸모가 없다.
- to no avail = without avail 무익하게, 보람 없이
- avail은 명사로 쓰여 보람, 이익, 효용, 효력
- available 입수할 수 있는, 후보자가 당선 가능한, 이용할 수 있는, 소용이 되는, 쓸모 있는, 시간이 있는, 여가가 있는
- fruit 다산의 = prolific
- a fruitful vine 아이가 많은 여자
- a fruitful occupation 실수입이 많은 직업

## 도둑 (A Thief)

옆집에 도둑이 들었다고 들었다. 도둑이 대낮에 김씨 부인이 외출 중에 가스관을 타고 올라갔다. 그 도둑은 집안의 값나가는 물건들을 모두 훔쳐 도망갔다. 2년 전에 우리 집도 우리가 집을 비운 사이에 좀도둑이 들었었다. 이곳의 범죄가 이정도로 심하다. 겁을 먹고 외출을 하지 못하는 여자들이 있다. 얼마 전에 주차장에서 한 부녀자가 어디론가 납치되어 갔는데 그 사건은 아직도 미궁에 빠져있다. 여성들은 마음 놓고 다닐 수 없다고 호소한다.

Heard that a thief broke into the house next door. The thief climbed up a gas pipe in broad daylight when Mrs. Kim was out The thief ran away with all the valuables in the house. Two years ago my house as well was broken into while we were out[away]. The crime situation here is this bad. Some women are too frightened to go outside. In a parking lot, some time ago, a woman was taken away by a criminal but the case is still wrapped in mistery. Women complain that they can not walk about easy in mind.

**NOTES**

○ break into[broke into] the house. 집에 도둑이 들다.
○ the house next door 우리 집 옆집
○ climb up a gas pipe. 가스관을 타고 기어오르다.

○ in broad daylight 대낮에, 백주에, 대낮에 공공연하게

○ when ~ was out …가 외출했을 때

○ run away with …을 가지고 도망가다.

○ save the situation. 사태를 수습하다.

○ The criminal is still at large. 범인은 아직 잡히지 않고 있다.

○ track down a criminal. 범인을 쫓다.

○ with all the valuables in the house 집 안에 있는 모든 귀중품을 가지고

○ My house as well 우리 집도

○ as well 명사 뒤에서 …도

○ was broken into. 도둑이 들다.

○ while we were away 우리가 집을 떠나있는 사이, 집을 비운 동안에

○ the crime situation here 이곳의 범죄 사태, 상태

○ this bad 이렇게 (이정도로) 나쁜

○ that bad 그 정도로 심한

○ too~ to~ 너무 …해서 …할 수가 없다.

○ are too frightened to go outside. 너무 겁이 나서 밖에 나갈 수가 없다.

○ frightened 겁먹은, …을 무서워하는 (of, to do)

○ be frightened to death. 까무러칠 만큼 놀라다.

○ be frightened at …에 놀라다, …을 보고 소스라치다.

○ complain to me that 절 …할 수 없다고 나에게 호소하다.

○ complain 호소하다, 불평하다, 투덜거리다, 불만을 털어놓다, 푸념하다, 한탄하다. (of, about)

○ be still wrapped in mistery. 아직 미궁에 빠져 있다. 아직 신비에 싸여 있다.

○ a murder mistery 미궁의[수수께끼의] 살인사건

○ We have nothing to complain of. 우리는 아무런 불만이 없다.

○ walk about[go about] easy in mind. 마음 놓고 쏘다니다.

○ You're always complaining that you cannot find time to study. 너는 항상 공부할 시간이 없다고 불평하고 있다. No daylight! 가득 따릅시다. 축배 전에 toastmaster가 하는 말 in the (very) act 현장에서

## 수박 (Watermelons) 1

한 여름 날씨가 뜨거울 때 수박을 먹으면 즐겁다. 요즘 아이스크림은 말할 것도 없거니와 수박이 날개 돋친 듯이 팔리고 있다. 오후의 태양이 무섭게 내리쬐였다. 설상가상으로 나의 서재 안으로 햇볕 (석양볕)이 들어왔다. 오늘의 더위는 뉴스거리가 되었다. 나는 아홉시 뉴스 방송은 꼭 듣는다. 오늘의 더위는 10년 만에 처음이었다고 한다.

It is pleasant to eat watermelon when the weather is hot in midsummer. Watermelons are selling like hot cakes these days to say nothing of ice cream. The afternoon sun beat down. To make matters worse, the late afternoon sun shone into my study. Today's heat has made news. Never miss gearing the nine o'clock newscast on TV. TV says that today's heat was the severest in the past ten years.

---

**NOTES**

◎ It is pleasant to …하면 기분이 좋다. …하면 즐겁다.
◎ sell like hot cakes 날개 돋친 듯이 팔리다. = sell like mad 도 같은 뜻이다.
◎ have a mad on 구어로 화내다.
◎ to say nothing of …은 말할 것도 없거니와
◎ beat down 압도하다, 과거도 같다.
◎ to make matters worse 설상가상으로
◎ the late afternoon sun 석양볕

- shine 비치다, 과거는 shone
- today's heat 오늘의 더위
- make news 뉴스거리가 되다.
- has made news는 현재완료형이다.
- never miss 동사 + ing는 꼭 …한다.
- hear the nine o'clock newscast 아홉시 뉴스를 듣다.
- newscast 뉴스방송
- TV says that절은 라디오나 TV에서 …라고 했다.
- the severest 가장 심한
- sever 심한, 맹렬한, 엄한, 엄중한, 피도 눈물도 없는, 가차 없는
- in the past ten years 지난 10년 만에
- telecast 텔레비전 방송을 하다, 텔레비전 방송
- telecine 텔레비전 영화
- telecom 전기통신
- telecommunicate vt. vi. 데이터, 음향, 영상 등을 원격통신으로 전달하다, 전송하다.
- telecommunication satellite 통신위성

## 저녁놀 (The Glow of Sunset)

오늘은 도시와 공해와 소음에서 완전히 벗어나고 싶었다. 아버지와 어머니에게 청평에 가던가 바닷가에 가던가 하자고 졸랐다. 어머님이 바닷가에 가고 싶어 하셨다. 모든 일이 잘 되었다. 바닷가에 밀려오는 파도소리를 들으면서 모래 위를 걷는 것은 즐겁다. 저녁놀은 시뻘겋게 빛났다. 저녁놀을 배경으로 사진 몇 장을 찍었다.

Felt like being completely free of city, the pollution and the noise. Asked father and mother either to go to Chungpyung or to go the beach. Mother wanted to go to the beach. Everything went well with me. It is pleasant to walk on the sands hearing the roar of waves dashing on the beach. The glow of sunset was all of glow. Took some pictures with the red sky as the background.

**NOTES**

- feel like + 동사ing …하고 싶다.
- feel like 어쩐지 …할 것 같다.
- It feels like rain. 비가 올 것 같다. = It looks like rain.
- be free of the city. 도시에서 벗어나다.
- be completely free of …에서 완전히 벗어나다.
- the pollution and the noise 공해와 소음 : 앞의 명사 city와 동격이다.
- ask 조르다.
- either to go to ~ or to go to the ~ …에 가던가
- either …or …던 가 …던 가

- go will with …에게 잘되다.
- It is pleasant to …하면 즐겁다, 기분이 좋다.
- walk on the sands 모래밭(백사장) 위를 걷다.
- hearing 들으면서
- the roar of waves dashing on the beach 바닷가에 밀려오는 파도소리
  roar 으르렁거리는 소리, 포효, 노호, vi 으르렁거리다, 울부짖다.
- dash 세차게 충돌하다, 부딪치다.
- the glow of sunset 저녁놀 = a red sky
- all of low 시뻘겋게 빛나
- with a red sky as the background 저녁놀을 배경으로 = against a red
  sky도 같다.
- roaring 포효하는, 노호하는, 구어로 활발한, 크게 번창하는
- roar 고함치다, 외치다, 왁자하게 웃다, 자동차, 기계 등이 큰소리를 내
  며 움직이다.
- roaring 활기 있는, 대성황의, 떠들썩한, 시끌벅적한, 술 마시며 떠드는.
- a roaring night 폭풍우치는 밤
- drive a roaring trade. 장사가 크게 번창하다.

# 8 · 15 광복절
## (August 15 Liberation Day)

아침에 땀을 흘리면 기분이 좋다. 이마에 구슬땀이 맺혔었다. 공원을 한 바퀴 돌았다. 조깅하는 사람들이 여기저기 보였다. 조깅하는 사람들이 늘어간다. 오늘은 광복절이라서 국기를 내달았다. 한강 둔치에서 불꽃놀이를 한다고 신문에 보도되었다. 사람들이 둔치에 모여들었다. 호기심 많은 구경꾼들이 곳곳에서 모여들었다. 감동적인 불꽃 놀이였다. 구경꾼들이 감탄해 마지않았다.

Feels good to work up a sweat in the morning. Great beads of sweat stood on my forehead. Took a turn in the park. Joggers were seen here and there. Joggers are on the increase. Today being August 15 Liberation Day, hung out a national flag. It is reported in the paper that they are going to set off fireworks on the waterside of the Han River. People flocked to the waterside. Curious bystanders flocked from all [various] quarters. It sure was a breathtaking fire works. The bystanders [lookers-on] were full of admiration.

**NOTES**

○ feel good to …하면 기분이 좋다.
○ work up a sweat 땀을 흘리다.
○ work up (사람을) 흥분시키다, 움직이다.
○ great beads of sweat 구슬땀

223

- bead 구슬, 유리알, 염주알, pl.  염주, 물, 이슬, 땀, 핏방울
- pray without one's beads. 계산착오를 하다, 기대에 어긋나다.
- tell [count, say, bid] one's beads. 염주를 세며 염불을 하다.
- stand[stood] on one's forehead. 이마에 맺히다.
- forehead 이마(brow), 물건의 앞부분
- a high forehead 넓은 이마
- take a turn. 한 바퀴 돌다.
- joggers 조깅하는 사람들
- be seen 보이다.
- be on the increase. 증가하고 있다.
- Today being August 15 Liberation Day. 오늘은 8·15광복절이기 때문 에(이므로) = As today is August 15 ···를 분사구문으로 한 것이다.
- hang[hung] out a flag. 기를 내달다.
- hung out a national flag. 국기를 내다 걸다.
- they are going to ···에서 they는 불꽃놀이를 하는 주최 측의 불특정인 이다.
- set off fireworks. 불꽃놀이를 하다.
- display fireworks도 같다. set off 폭탄, 화약 등을 폭발시키다, 불꽃 등 을 올리다, 발사하다. display ···을 드러내다, 과시하다, 전시~, 진열~, 장식~
- It is reported in the paper that ···신문에 ···라고 났다 = newspapers ay that··· 보도되었다.
- on the waterside of ···의 둔치에서 flock 떼 지어 모이다. flock from all quarters 곳곳에 모이다.
- curious bystanders 호기심 많은 구경꾼들
- breathtaking fire works 기가 막히는 불꽃놀이
- be full of admiration. 감탄해 마지않다.

MONTH.    DATE.

## 126 잘하면 (With Good Luck)

긴 여름방학이 끝나간다. 담임 선생님께 안부편지를 썼다.
방학 동안에 한번 전화로 이야기했었다. 잘하면 칭찬을 받
을지도 모른다. 선생님에겐 아무리 감사해도 모자란다. 숙
제가 밀려있어서 하루 종일 쉬지 않고 계속했다. 동생과 나
는 끝나가는 여름방학에 대해 숙고했다. 대화가 길어져서
한시 경에 잠자리에 들었다.

The summer vacation is coming to an end. Wrote to my homeroom
teacher asking how he was. Spoke to him once over the telephone
during the vacation With good luck, I might be praised by him. We
cannot thank him too much. Being behind in my homework. Worked
on all day long without stopping. Brother and I meditated on the
vacation coming to an end. Our talk took time and went to bed at
about 1 o'clock.

### NOTES

○ is coming to an end. 끝나가고 있다.
○ come to an end. 끝나다.
○ write to ⋯에게 편지하다.
○ asking how he was. 그분의 안부를 묻다.
○ inquire after one's health ⋯의 안부를 묻다.
○ over the telephone 전화로
○ with good luck 잘하면
○ I might 나는 ⋯할지도 모르다.
○ be praised by ⋯의 칭찬을 받다.

○ praise 칭찬하다. 칭찬, 찬양, pl. 로 칭찬의 말

○ Father praised me for my good deed. 아버지는 나의 선행을 칭찬해 주었다.

○ cannot … too much 아무리 …해도 모자라다.

○ Being behind in my homework는 As I am behind in my homework 의 분사구문이다. : 숙제가 밀려있기 때문에

○ work on 일, 공부를 계속해서 하다.

○ all day long without stopping 멈추지 않고 하루 종일

○ meditate on …에 대해 숙고(명상, 반성) 하다.

○ the vacation coming to an end 끝나가는 방학

○ take time (대화, 수업, 회의 등이) 길어지다.

○ praise his speech highly. 그의 연설을 격찬하다.

○ praiseworthy 훌륭한, 기특한, 칭찬할 만한, 감탄할

○ 주어 + praise + A for B = 주어는 A의 B를 칭찬하다.

○ be behind in [with] …이 밀려있다.

태풍 (A Typhoon)

일기예보에 의하면 태풍이 북상중이라고 한다. 오전에는 제주도에 접근할 것이고 오후에는 우리나라의 남쪽 지역에 상륙하면서 그 맹위를 떨칠 것이라고 한다. 풍속은 초당 40미터가 넘고 막대한 비구름을 동반하고 있어 피해가 예상된다고 한다. 석간신문에 의하면 태풍피해는 영남지방이 제일 컸다고 한다. 작년에는 태풍이 호남지방을 강타했었다. 이번 태풍은 야채와 과일 수확에 큰 피해를 주어 농민들이 크게 실망하고 있다. 태풍과 같은 성가신 것이 없었으면…

The weatherman says a typhoon is coming up north. And it will come nearer to Jeju Island in the morning, in the afternoon it will hit the southern part of Korea and the typhoon will rage. The velocity of the wind is more than 40 meter per second and as it is accompanied by enormous rain clouds, widespread damage is anticipated. The evening papers say the Yungnam district suffered most from the typhoon. Last year, a typhoon attacked the Honam district. This one badly damaged the fruit and the vegetable crops so it is a bitter disappointment to the farmers. How we wish there were not such an annoyance as typhoon…

NOTES

◎ come up north 북상하다.
◎ come nearer to …에 접근하다.

- it will hit …상륙할 것이다.
- rage (폭풍이) 맹위를 떨치다, 사납게 휘몰아치다, 병이 창궐하다.
- rage는 명사로 대유행, 격노, 분노, 격렬, 맹위, 사나움, 열망, 갈망, 열광, 열의, 열정, 감동
- (all) the rage 구어로 (일시적) 대유행, 대유행의 것
- the velocity of the wind 바람의 속도
- per second 초당
- is accompanied by …을 동반하고 있다.
- enormous rain clouds 막대한 비구름
- widespread damage 광범위한 피해
- is anticipated. 예상되다.
- anticipate 기대하다, 예기하다, 예상하다, 고대하다, 앞질러 걱정하다, expect가 일반적이다.
- suffer most 제일 크게 피해를 입다.
- attack 강타하다.
- This one 이번 태풍
- badly damaged …몹시 피해를 입히다.
- crops 수확
- a bitter disappointment to …에 큰 실망
- How we wish there were not such an annoyance as typhoon… 태풍과 같은 성가신 것이 없었으면…

## 공부에 대한 강한 의욕
### (A Strong Desire To Study)

담임 선생님이 공부에 열의가 없다고 호통을 치셨다. 여름 방학이 끝난 지도 벌써 일주일이 넘었는데도 공부에 열중하지 않아서 걱정이다. 수업의 막간에 하품하며 기지개를 폈다. 선생님은 일제히 기지개를 하도록 허락했다. 그렇게 하면 능률이 오를 거라고 생각했다. 웃지 않을 수 없었다. 각오를 새롭게 하겠다는 다짐을 받고 우리들을 집으로 돌려 보냈다.

The homeroom teacher bawled us out for lack of enthusiasm. It is more than a week since summer vacation ended, but I'm afraid that I haven't warmed to my work [study]. During the intermission [between class] stretched myself with a yawn. Teacher let us stretch ourselves all together. Thought that would make for efficiency [produce to efficiency] could not help laughing. Teacher let us go home on the promise [that] we would turn over new leaves. [turn over a new leaf]

**NOTES**

○ bawl + 목적어 + out for …하다고 호통을 치다.
○ for lack of enthusiasm 열의가 없다고, 의욕이 없다고
○ lack 모자람, 부족, 결핍, 결여
○ enthusiasm 열의, 열중, 의욕, 감격, 열광 (for, about)
○ more than …이상
○ since …ended …가 끝난 후 (이래)

- warm to one's work 공부에 열중하다. = warm up to studying도 같다.
- be afraid that …해서 걱정이다.
- intermission [between class] 수업의 막간
- intermission 수업시간 따위의 휴게시간, 연극 등의 막간
- stretch oneself 기지개를 켜다.
- with a yawn 하품을 하며
- all together 일제히
- Thought(that) that would …그렇게 하면 …할 것이라고 생각했다.
- make for efficiency 능률을 올리다 = produce to efficiency
- cannot help 동사ing …하지 않을 수 없다.
- on the promise [that] …한다는 다짐을 받고
- turn over a new leaf 각오를 새롭게 하다, 마음을 고쳐먹다, 생활을 일신하다.
- supply the lack 없는 것을 공급하다.
- efficiency 능률, 능력, ~test 능률시험
- efficiency wages 능률급
- without intermission 끊임없이

## 129 수박 (Watermelons) 2

하늘이 너무 맑아서 저 멀리 개성 송악산이 보였다. 건조한 날씨가 계속되는지가 한 달이 다 되어간다. 어머님이 수박을 사셨는데 씨 없는 수박이었다. 금년은 날씨가 가물어 수박이 썩 잘되었다고 하신다. 실컷 먹었다. 요사이는 수박이 한창이다. 한참 수박을 먹고 있는데 친구가 찾아왔다. 수박 한 조각을 권했다. 맛있게 먹었다.

The sky was so clear that could see Mt. Songak in Kaesung in the distance. The weather has been dry going on one month. Mother bought a watermelon. It was seedless. Mother says the watermelons have ripened very well this summer because of dry weather. Ate as much as I wanted. Watermelons are in season now. One of my friends came to see me while I am in the middle of eating watermelon. Offered him a piece of it. He enjoyed it very much.

### NOTES

- so … that 너무 …해서 …하다. (미국에서는 that은 생략)
- going on 거의
- in the distance 멀리
- has been dry 계속 가물어 왔다.
- seedless 씨가 없는
- dry 가뭄, 마른, 물기 없는, 건성의, 말라붙은, 적나라한, 노골적인, 금주의, 금주파의, 술을 내지 않는 파티, 버터를 바르지 않은

232

- have ripened very well. 썩 잘 익었다. 썩 잘 여물었다.
- turn out very well. 농사(수박)가 좋다.
- become ripe 익다. = ripen
- ripe 농담 등이 천한, 상스러운
- ripe 노련한, 익숙한, 붉고 탐스러운, 기회가 무르익은, 곪은
- ripe 익은, 숙성한, 마시기(먹기에) 알맞게 된, 충분히 익은, 성숙한
- turn out 생산하다. 제조하다, (결과) …이 되다.
- due to … 때문에, 때문인, …에 기인하는
- dry weather 가문 날씨
- as much as I wanted 실컷
- be in now = be in season now. 한창이다.
- call on …을 방문하다, 청하다, 요구하다, 부탁하다.
- while I was in the middle of …내가 한청 …하고 있을 때
- offer A. B A에게 B를 권하다.
- enjoy it very much. 무척 맛있게 먹다.
- He called on me for a few words. 몇 마디 해달라고 나에게 부탁했다.
  = He called on me to say a few words.
- ripen (과일 등이) 익다, 기회가 무르익다, 원숙해지다, vt. 익히다, 원숙하게 하다.
- due to 보다 owing to …나 because가 더 일반적이다. 미구어에서 더러 쓰임.

# 2002년 월드컵
## (The 2002 World Cup)

오늘 영어 김선생님의 지시에 따라서 한국이 주최한 2002 World Cup에 대하여 논평을 했다. 우리 각자는 한사람씩 시계 방향으로 돌아가면서 그 의의에 대하여 논평을 했다. 느닷없이 (준비 없이) 말하기 어려웠지만 다음과 같이 논평했다. 글쎄요, 저는 두 관점에서 봅니다. 즉 국외적으로 또는 국내적으로 말입니다. 국외적으로 말하면 2002 World Cup은 한국이 국제적인 큰 신임을 획득했음을 의미하고 국내적으로 말하면 우리는 무엇이든지 하기를 바라는 것을 성취할 수 있다는 것을 자랑하게 되었습니다.

Today Commented on the World Cup which Korea hosted as instructed by Mr. Kim, English teacher. Each one of us one by one commented with respect to its significance going round clockwise. It was hard to say offhand but Commented as follows. Well, [I] look at it from two different points : externally and internally. Externally speaking, the 2002 World Cup signifies that Korea has gained a great international confidence and internally speaking, we have come to take a pride in being able to accomplish whatever we wish to do.

**NOTES**

◎ comment on ···에 대하여 논평하다.
◎ the World Cup which Korea hosted 한국 주최의 월드컵

234

- as instructed by …의 지시에 따라서
- each one of us 우리 각자는
- one by one 한사람씩
- with respect to …관하여(는)
- its significance 그의 의의
- going round clockwise 시계방향으로 돌아가면서
- going round counterclockwise 시계 반대방향으로 돌아가면서
- look at it from two different points 두 가지 관점에서 본다.
- externally 국외적으로
- internally 국내적으로
- externally speaking 국외적으로 말씀드리면
- internally speaking 국내적으로 말씀드리면
- signify 의미하다.
- signifies 주어가 3인칭 단수 현재일 때 단어의 끝이 자음＋y 일 때 y를 i로 하고 es를 붙인다.
- gain 얻다, 획득하다.
- a great international confidence 국제적인 큰 신임
- have come to …하게 되었다.
- take a pride in …을 자랑하다.
- being able to accomplish 성취하다, 이루다, 완성하다, 완수하다, 해내다.
- whatever we wish to do 무엇이든지 우리가 하기 바라는 것
- offhand 사전 준비 없이, 즉성에서, 되는대로, 아무렇게나

# 빈들빈들 돌아다닐 곳
## (A Place To Hang Out)

날씨가 화창했다. 할 일이 없어서 늦게 일어났다. 일찍 잠에서 깨기 위해서 기지개 켜기 같은 운동을 좀 했다. 식빵과 커피로 아침을 가볍게 먹었다. 그러고 나서 빈들빈들 돌아다닐 곳을 찾고자 하는 친구들의 방문을 기다렸다. 2시에 친구 몇몇이 교회에 가자고 권해왔다. 예배를 본 후에 교회에 갈 수 없었던 몇몇 친구를 찾아갔다. 커피를 마시면서 한담했다. 한담이 길어졌다. 시간이 늦어지는 줄 모르고 있다가 가까스로 마지막 열차를 타고 귀가했다.

It was fine. Got up late since had nothing to do. Did some exercise like stretching to awake quickly. Just took some light breakfast, bread and coffee. After that waited for a call from some of my friends who are trying to look for a place to hang out. Some of my friends invited me to go to church at two o'clock. After the service visited some of my friends who were not able to go to church. Chatted over coffee. Our small talk took time. Was not aware of how late it was getting and came home only just enough by the last train.

**NOTES**

○ since ⋯이므로
○ since [I] had nothing to do 할 일이 없었으므로
○ since [I] had nothing on 아무 계획(일정, 볼일)이 없었으므로

236

- light 소화가 잘 되는, 술 따위 알코올 성분이 적은, 작업 따위가 용이한, 편한, 딱딱하지 않은, 오락적인, 우아한, 날씬한, 처벌 등이 엄하지 않은, 관대한
- do some exercise. 운동을 좀 하다.
- like stretching. 기지개 켜기 같은, 손발 펴기 같은
- to awake quickly 빨리 잠에서 깨기 위해서
- just 그냥
- take some light breakfast. 가벼운 아침을 먹다.
- take[have] a big breakfast. 아침을 많이 먹다.
- after that 그러고 나서
- wait for a call from …의 방문을 기다리다, …부터의 전화를 기다리다.
- some of my friends who are trying to …하려고 애쓰는 친구 몇몇
- look for a place to hang out. 빈들빈들 돌아다닐 곳을 찾다, 살 곳을 찾다.
- invite 청하다, 권하다, 요구하다, 초대하다.
- go to church 예배 보러 가다.
- After the service 예배 후에
- who were not able to go to church 예배 보러 갈 수 없었던
- chat over coffee. 커피마시며 한담하다.
- our small talk 우리의 잡담
- took time. 길어졌다, 시간을 넘겼다.
- be not aware of …을 알아차리지 못하다.
- how late it was getting 시간이 얼마나 늦어지는지
- come home only just enough. 간신히 귀가하다.
- only just enough 겨우, 간신히
- just on 이럭저럭

## 132 명절 기분으로 (In A Festive Mood)

방안에 해가 들었었다. 방을 환하게 했다. 9월 하순이 되면
해가 조금 짧아진 것을 느낀다. 아침저녁으로 서늘해서 좋
다. 아직 낮 동안엔 덥다. (내가 시골에서 자랄 때) 가을 하
늘에 기러기 떼가 Y자를 이루고 머리 위를 날아 지나가는
것을 본 기억이 있다. 추석이 글피이다. 사람들은 추석 준
비로 부산하게 움직이고 큰 시장들은 떠들썩하다.(혼잡하
다) 하루가 축제 기분으로 지나갔다.

The sun came into the room. It brightened my room. We find that
the days have got a little shorter late in September. It is nice and
cool in the mornings and evenings. It is still hot in the daytime.
Remember seeing a flock of wild geese passing overhead flying in
a Y-formation in the fall sky. Korean Thanksgiving Day is two days
after tomorrow. People are bustling up preparing Chusuk and bog
markets are in a bustle. My day went in a festive[holiday] mood.

### NOTES

◯ brighten 밝게 하다, 밝아지다, 빛나다, 반짝이다.
◯ My room brightened. 나의 방이 밝아졌다.
◯ We find that …것을 느낀다.
◯ by the late in September 9월 하순까지는
◯ in a laughing mood 쾌활한 기분으로
◯ in a melancholy mood 울적한 기분으로

- the days 낮
- nice and cool 서늘해 좋은
- in the daytime 낮 동안에는, 낮에는
- remember+동사ing 과거에 …했던 것이 기억나다.
- remember+to부정사 …할 것을 기억하고 있다.
- a flock of wild geese 기러기 떼
- see[지각동사] + 목적어 + 목적격보어(동사+ing)
- passing overhead 머리 위를 지나가는
- flying in a Y-formation Y자 모양을 이루고 날고 있는
- Thanksgiving Day 추석, 추수감사절
- two days after tomorrow 글피
- bustle up 부산하게 움직이다.
- bustle up preparing …준비로 부산하게 움직이다.
- prepare Chusuk. 추석을 준비하다.
- be in a bustle. 떠들썩하다, 혼잡하다.
- My day went. 나의 오늘 하루가 지나갔다.
- in a festive mood 축제 분위기로
- bustle 부산하게 움직이다, 바쁘게 일하다, 법석 떨다, 바쁘게 서두르다.
- festive 축제의, 경축의, 명절기분의
- mood[mu:d] 일시적인 기분
- a festive mood 명절 기분, 축제 기분
- melancholy 우울(증), 침울, 우울한, 음침한, 슬픈, 구슬픈, 우울하게 하는[맬런칼리]
- in a mood 구어로 쓰여 기분이 좋지 않은
- a bustle 야단법석, 소란
- moods 복수로 변덕, 침울한 기분, 뚱한 기분

## 추석
### (Chusuk : Korean Thanksgiving Day)

벌써 추석이다. 온 집안이 새벽같이 일찍 일어났다. 다른 곳에 살고 있는 몇몇 가족들이 모두 집에 돌아와 있어서 집안이 떠들썩하다. (요란하다) 햅쌀 떡과 신선한 과일 같은 음식을 놓고 조상들에게 제사를 지냈다. 시골에 있는 할아버지 할머니의 묘를 찾아갔다. 하늘이 맑아서 달이 휘영청 밝았다. 우리는 추석을 4대 명절 중의 한 전통 명절로 축하한다. 많은 사람들이 보름달을 바라보면서 소원을 비는 것을 볼 수 있었다. 두 손 모아 소원을 빌었다. 어머니는 무릎을 꿇고 빌었다. 열심히 비셨다.


It is already Chusuk. All the family got up at daybreak. Since some members living in the different places have returned home, it is noisy. Offered food like new-rice cakes and fresh fruits for our ancestors. We visited our grandparents' graves in the country. The sky being clear, the moon beamed down. We celebrate Chusuk as one of our four traditional holidays. Could see many people pray their wishes. [I] Prayed my wishes with folded hands. Mother knelt down and prayed. She prayed earnestly.

### NOTES

○ all the family = the whole family 온 가족
○ at daybreak 새벽같이
○ since …이므로

- some members living in the different places 다른 곳에 사는 몇몇 가족들
- have returned home. 집에 돌아와 있다.
- noisy 요란한, 떠들썩한
- offer ···for our ancestors ···을 바치고 제사지내다.
- ancestor 선조, 조상
- grandparents' graves 조부모님의 묘
- the sky being clear = As the sky clear 하늘이 맑아서
- beam[down] 빛나다, 빛을 발하다.
- beam upon [at] a person ···을 보고 싱글싱글 웃다.
- celebrate ···을 축하하다, 의식, 축전을 거행하다.
- as one of our four traditional holidays
- see(지각동사) + 목적어 + 원형부정사 목적보어 ···가 ···하는 것을 목격하다.
- pray one's wishes. 소원을 빌다.
- prayed my wishes. 나의 소원을 빌었다.
- with folded hands = with joined hands 두 손 모아.
- kneel(down). = fall on one's knees. = drop on one's knees. 무릎을 꿇다. kneel(down)의 과거는 knelt(down)
- pray earnestly. 열심히 빌다.
- beam 기쁨으로 빛나다, 밝게 미소 짓다, 들보, 광선, 빛살, 웃는 얼굴
- spiritual ancestor 스승
- spiritual 영적인, 정신적인, 고상한, 숭고한, 종교적인, 종교상의 pl. 정신적인 것(일), 종교적인 것(일)

# 독서하기 좋은 때
## (A Good Time For Reading)

간밤에 부슬비가 조금 내렸다. 얇은 티셔츠 바람으로는 조금 으스스한 것을 느꼈다. 따뜻한 것을 껴입었다. 가을은 독서하기에 좋은 때이기 때문에 가능한 한 많은 책을 읽기로 결심했다. 오늘은 집에 오자마자 바로 텔레비전에 가서 달라붙지 않았다. 그래서 숙제에 지장을 주지 않았다. 어머님이 내가 집에 오자마자 바로 컴퓨터에 가서 매달리지 말라고 하셨다. 우선 숙제를 하고 나서 TV를 보든지 게임을 하든지 하는 것이 좋을 거라고 충고하셨다.

It drizzled lightly last night. Felt rather chilly in my T-shirts. Put on something warm. Since fall is a good time for reading, have decided to read as many books as I could. Today didn't go right to the TV and stay glued there. So it didn't interfere with my homework. Mother told me not to go right to the computer and not to stay glued there. She gives me an advice that it is better for me first to do my homework and then either to watch TV or to have a computer game.

**NOTES**

○ drizzle 이슬비, 가랑비, 보슬비. 동사로 쓰여서 이슬비(가랑비, 보슬비)가 오다.

○ fell rather chilly 조금 으스스하다.

○ rather 약간, 다소, 좀, 상당히, 접속사로 쓰여서 : 그러기는커녕, 반대로

242

- chilly 으스스한, 냉랭한, 한기가 나는, 추위를 타는, 이야기가 오싹한
- feel [be] chilly 오한이 나다.
- in my T-shirt 티셔츠를 입으니, 티셔츠를 입고
- something warm 따뜻한 것
- since …이므로
- a good time for reading 독서하기 좋은 때
- have decided to …하기로 결심했다.
- read as many books as I can. 가능한 한 많은 책을 읽다.
- go right to …에 바로 가다.
- stay glued 달라붙다, 매달리다.
- interfere with …에 지장을 주다.
- told me not to …하지 말라고 말했다.
- go right to the computer. 컴퓨터에 바로가다.
- not to stay glued there 거기에 달라붙지 말라고
- give me an advice that …라고 충고하다.
- it is better for us first to …내가 먼저(우선) …하는 게 좋을 것
- and then either to watch TV or to have a computer game 그리고 나서 TV를 보던지 컴퓨터 게임을 하던지
- either ~ or ~ …든가 또는 …든가, …든지 …든지
- glue 아교, 접착제, 아교로 붙이다, 접착제로 붙이다.
- stay glued는 주어 + stay glued 인데 여기서 glued는 과거분사로 주격 보어로 쓰였다.
- glue는 종종 수동태로 쓰여 달라붙어서 떨어지지 않다.

## 자전거 타기 (Cycling)

어머님께 요즘 내가 운동이 부족해서 운동 삼아 자전거를 타고 돌아다니고 싶다고 했다. 어머님은 하나는 나에게 주시려고 또 하나는 동생에게 주려고 경주용 자전거 두 대를 사주시겠다고 약속을 하셨다. 동생은 2인승 자전거도 갖고 싶어 한다. 동생은 자전거를 잘 탄다. 가을에 자전거를 타고 돌아다니면 신날 것이다. 자전거 타는 사람 수가 해마다 늘어가고 있다. 자전거는 생각만 해도 즐겁다. 자전거 타기는 힘이 많이 든다. 햄버거 대짜 한 개 먹고 힘을 내야겠다.

Told mother that [I] haven't had enough exercise lately and wanted to ride around on a bicycle for exercise. Mother promised that she would buy me [us] two racing bicycles : one is for me and the other for my brother. My brother wants a tandem bicycle as well. He is a good bicyclist. It will be capital fun if we ride around on a bicycle [on bicycles] in fall. The number of bicyclists is growing every year. The mere thought of a bicycle is enough to make me happy. Cycling requires a lot of energy [strength]. Will have a big boy and put out my strength.

**NOTES**

○ haven't had enough exercise lately. 요즘 계속 운동이 좀 부족해왔다.
○ ride around on a bicycle. 자전거를 타고 돌아다니다.

- for exercise 운동 삼아, 운동으로
- promised that ~would ~ 간목 + 직목 …에게 …줄 것을 (사줄 것을, 보여줄 것을) 약속하다.
- racing bicycles 경주용 자전거
- one is for me and the other for my brother. 하나는 나에게 그리고 하나는 동생에게 주려고.
- tandem 두 사람 이상이 세로로 함께 타는 자전거(삼륜차), 두 사람 이상의 협력관계, 협동
- in tandem with …와 제휴하여, …와 협동으로
- a good bicyclist 자전거를 잘 타는 사람
- It will be capital[fine] fun if 주어 + 동사 …한다면 신날 것이다.
- get[become] lighthearted = be exhilarated = get excited 신명나다.
- in the excess of mirth, in a merry mood, enthusiastically 신명이 나서
- capital fun 신나는 재미(장난, 놀이)
- the number of bicyclists 자전거를 타는 사람들의 수
- be on the increase 증가하고 있다. = is growing
- the mere thought …을 생각만 해도
- mere 단순한, 순전한, 단지 …에 불과한
- thought of 생각, 사고, 사색, 숙고
- cycling requires …자전거 타기는 …을 요한다.
- have a big boy. 햄버거 대짜를 먹었다.
- put out my strength 나의 힘을 내가
- A penny for your thoughts. 무엇을 그렇게 멍하니 생각하고 있는가.

## 국군의 날 (Armed Forces Day)

우리나라는 현재 약 650,000의 병력을 가지고 있다. 그리고 그들은 언제든지 적과 싸울 태세를 갖추고 있다. 그리고 지금까지 없었던 가장 정교하고 강력한 무기를 가지고 있다. 북한은 남한에 대항해서 어떤 승산도 결코 기대할 수 없을 것이다. 한마디로 초전에 박살을 낼 것이다. 공군은 내일 공공기지에서 에어쇼를 할 것이다. 편대를 지어 하늘 높이 치솟아 오르는 그 독특한 방법이 마음에 든다.

We have armed forces of about 650,000. They are ready to fight with the enemies any time. The armed forces have some of the most powerful weapons it has ever had. North Korea would stand no chance against South Korea. In a word, we will crush the enemy with the first blow. The Air Fore will perform an Air Show at an undisclosed base [I] like the way jets fly into formation and fly up into the sky.

◎ chance 가망, 승산, 가능성, 가능성이 큰 가망, 형세

◎ crush 박살내다.

◎ with the first blow 초전에, 첫 타격에

◎ blow 강타, 구타, 정신적 타격, 쇼크, 불행

◎ at blows 서로 치고 받고 하여

◎ perform an Air Show. 에어쇼를 하다.

◎ at an undisclosed base ⋯00기지에서

◎ I like the way 주어 + 동사 나는 주어가 ⋯하는 모습이 좋다, 멋있다.

◎ I like the way she smiles. 그녀가 웃는 모습이 마음에 든다.

◎ the way 독특한 방법

◎ I like the way jets ⋯제트기가 ⋯하는 모습이 멋있다.

◎ fly into formation. 편대를 짓다.

◎ fly high into the sky. 하늘 높이 치솟아 오르다.

◎ disclose 드러내다, 노출시키다, 폭로하다, 비밀 등을 밝히다, 발표하다.

◎ undisclosed 비밀에 붙여진, 발표되지 않은, 폭로되지 않은

◎ formation 군대의 대형, 편대, 형성, 구성, 편성, 성립, 조성, 구조, 형태, 지질의 층, 층군

◎ mean ⋯한 마음을 품고 있다.

◎ I meant well [ill] by [to] you. 나는 (사실은) 너한테 호의(악의)를 품고 있다.

# 개천절
## (National Foundation Day)

오늘은 개천절이다. 우리나라의 시조 단군왕검께서 기원전 2333년에 고조선이라고 하는 최초의 부족국가를 세우셨는데 우리가 10월 3일에 개천절을 축하한다. (지킨다) 집집마다 깃발이 보였다. 깨끗이 빤 태극기를 대문에 걸었다. 애국자가 된다는 것은 나라에 대한 사랑 곧 애국심을 갖는 것이다. 애국자가 되는 길은 많다. 예를 들면 대문에 국기를 개양하는 것부터 국방에 이르기까지 무엇이나 다 된다.

It is National Foundation Day. The founder of our country is King Dangun who founded the first tribal state named Gojosun in 2333 B.C. We observe National Foundation Day on October 3. Saw flags at every door. Put up a washed-up Taegeuk flag at our gate. Being a patriot means you have patriotism, love for our country. There are lots of ways to be a patriot. For example, anything from flying our national flags over our gates to defending our country.

**NOTES**

○ National Foundation Day 개천절
○ national 국가의, 국민의, 전국가적인, 국가전체의, 국유의, 국립의, 국정의, 한나라를 상징하는, 국민적인
○ foundation 창설, 창건, 설립, 재단, 사회사업단체, 근거, 기초
○ foundationless 기초(토대, 근거)가 없는
○ the founder of …의 시조
○ found 세우다.

248

- the first tribal state 최초의 부족국가
- named …라고 부르는
- observe 정해진 행사를 지키다, 축제일을 축하하다.
- see flags at every door. 집집마다 깃발이 보이다.
- put up a washed-up Taegeuk flag. 깨끗이 빤 태극기를 내걸다.
- put up 기 등을 올리다, 천막을 치다, 게시하다, 고시하다.
- washerdryer 탈수기가 달린 세탁기, washer 세탁기, 세광기, 세탁인
- washed-up 깨끗이 씻은(빤), 지칠 대로 지친, 실패한, 못쓰게 된
- Being patriot 애국자가 된다는 것
- means 의미한다, …의 뜻이다, …의 뜻으로 말하다.
- have patriotism. 애국심을 갖다.
- love for our country 나라에 대한 사랑
- There are lots of ways to be …가 되는 길은 많다.
- ways to be patriot 애국자가 되는 길
- for example 예를 들면
- anything from ~ing …to ~하는 것부터 …에 이르기까지 (다된다.)
- flying our national flags over our gates 대문에 국기를 게양하는 것
- to defending our country 우리나라를 지키는 것까지

# 138

## 소풍하기에 좋은 곳
### (A Nice Place To Go On A Picnic)

어제 일기예보대로 오늘은 따뜻해서 좋다. 피크닉 가기에 이상적인 날이다. 동생이 어머니에게 청평에 가자고 졸라 댔다. 청평은 소풍가기에 좋은 곳이다. 서울에서 그다지 멀지 않지만 도시의 공해와 소음에서 완전히 벗어날 수 있다. 아버지께서 신선한 공기와 깨끗한 개울과 산 그리고 조용한 곳을 원하셔서 댐 근처에 머물지 않고 1.2마일 상류로 올라갔다. 참으로 기막힌 곳이다.

As the weather report, it is nice and warm. It is ideal day for a picnic. My brother badgered mother to take us to Chungpyung is a nice place to go on a picnic. It is not far from Seoul, yet far enough so that you're completely free of the city, the pollution and the noise. As father wanted fresh air, clear streams, mountains, and do noise, we didn't stay near the dam. Went upstream a mile or two. What a god's gift to men!

---

**NOTES**

- yesterday's weather report를 the weather report로 했다.
- today's newspaper 오늘 신문
- as …대로
- nice and+ 형용사 …해서 좋은
- nice and warm 따뜻해서 좋은
- be ideal for …에 이상적이다.

- ideal 더할 나위 없는, 전형적인, 관념적인, 상상의, 가공적인, 관념에 관한, 이상, 극치, 이상적인 것(사람), 전형, 이상적인 목표(원리)
- badger 조르다, 장난삼아 집적대다, 괴롭히다.
- badger + 목적어 + 전치사 + 명사의 형태로 …에게 …를 사달라고 조르다.
- We badgered father to move into a new house. 우리는 아버지에게 새 집으로 이사하자고(귀찮게) 졸랐다.
- badger + 목적어 + to부정사로 : …에게 …해달라고 귀찮게 조르다.
- My brother badgered me to take him to the children's hall. 동생은 나에게 어린이공원에 데리고 가 달라고 (귀찮게) 졸랐다.
- yet 그래도, 그 점에도 불구하고.
- far enough so that …할 수 있게 먼
- be completely free of …에서 완전히 면하다, 벗어나다.
- the pollution and the noise 공해와 소음
- as …때문에
- fresh 신선한, 새로운, 싱싱한, 화색이 도는, 윤기 있는, 건강한, 기운찬, 발랄한.
- clear 맑은, 맑게 갠, 분명한, 확실한, 장애물이 없는
- stream 개울, 추세, 흐름의 방향, 사람, 물건의 물결
- no noise 조용한 곳 Hold your noise! 입 닥쳐!
- go upstream 상류로 올라가다.
- an endless stream of cars. 끝없이 이어지는 자동차의 물결
- a god's gift to men. (주위의 자연이) 기가 막히다.
- fresh 숫된, 미숙한, 경험 없는, 주제넘은, 뻔뻔스러운, 건방진, 여자에게 무간하게 대하는, 얼근히 취한, 주기를 띤
- (as) fresh as paint[a rose, a daisy] 기운이 넘쳐흐르는, 원기 왕성하여, 발랄하여.

# 한글날
## (Hangul Proclamation Day)

오늘은 한글날이다. 한들은 24자의 표음문자로 되어있다. 500여 년 전에 세종대왕이 만드셨다. 그는 나이 21살 때 이씨 조선 제4대 임금이 되었다. 그 당시 (그 무렵)에는 백성들은 한자를 사용했으나 배우기가 매우 어려웠다. 그래서 세종대왕은 백성들을 생각하여 쉬운 자모를 발명하셨다. 왕위에 오르신 이후 항상 백성을 위해서 무엇을 할 수 있을까, 백성들을 어떻게 하면 잘 살도록 할 수 있을까하고 생각해 오셨다. 세종대왕은 백성들을 위하여 많은 큰일들을 하셨다.

It is Hangul Day. Our alphabet is composed of 24 phonetic signs. King Sejong invented it more than five hundred years ago. He became the fourth King of the Yi Dynasty when he was twenty one years old. In those days people used Chinese letters but they were very difficult to learn. Therefore, King Sejong wanted to invent a simple alphabet for his people. Since he had taken the throne King Sejong always thought that what he could do for the people, and how he could help them live better. King Sejong did many important things for the people.

**NOTES**

◎ is composed of …로 구성되어 있다.
◎ compose 구성하다, 조직하다, 조립하다, 시, 글을 짓다, 작문하다, 쓰다, 작곡하다, 안색을 부드럽게 하다.

252

- compose oneself (마음을) 가라앉히다, (마음을) 가다듬다.
- phonetic signs 표음문자
- invent 발명하다, 창안하다, 날조하다, 조작하다, 미속어로 훔치다.
- more than …years ago …여 년 전에
- Yi Dynasty 이 왕조
- in those days 당시에는, 그 무렵에는
- Dynasty 왕조, 왕가
- therefore 그러므로, 그 결과, 그것에 대하여, 이것에 대하여
- simple 간단한, 검소한, 악의 없는, 사람 좋은, 순진한
- since he had taken the throne 왕위에 오른 이래
- take the throne = mount the throne = come to the throne = ascend ~ = sit on the throne 즉위하다.
- throne 왕좌, 옥좌, the ~왕위, 왕권, 교황의 성좌
- what he could do for the people 백성을 위해 무엇을 할 수 있는지
- how he could help them live better 백성들을 어떻게 하면 잘 살도록 할 수 있을지
- do many important things for the people. 백성들을 위해 많은 큰일을 하다.
- Love for his people 그의 백성들에 대한 사랑
- invent an excuse. 핑계를 꾸며대다.

## 탐스러운 사과 (Appetizing Apple)

대구에 사시는 숙부께서 그 고장에서 유명한 사과 한 상자를 가져오셨다. 좋은 냄새가 나고 먹음직스러웠다. 탐스러운 사과들이다. 숙부님은 과수원을 하신다. 그것을 하시는 지 20년이 다 되어간다. 남대문 시장에서 파는 사과와 비교하면 훨씬 싱싱하고 냄새도 더 좋다. 대구는 좋은 사과의 원산지(본고장)이다. 나는 사과 두 개를 껍질 채로 먹었다. 어머니는 평소에 사과 껍질을 벗겨 주셨는데 오늘은 그대로 먹었다. 기가 막힌다.

My father's younger brother in Daegu brought us a box of apples for which that district is famous. They smelled sweet and looked delicious. They are appetizing apples. My uncle runs a fruit farm, he has been running it going on 20 years. The apples are a lot fresher and had a better smell [as] compared to [with] those sold at the Namdaemun Market. Daegu is the home of good apples. Ate two apples skin and all. Mother usually peels us apples but we ate them as they are. A God's gift to men!

- look delicious. 먹음직스러워 보인다. 맛있어 보이다.
- A God's gift to men! 기가 막힌다. (조물주의 선물)
- appetizing 탐스러운
- run a fruit farm. 과수원을 하다.
- run 경영하다, 흐르다, 통하다, 경주에 나가다, 달리기를 하다, 도망하다.
- compare + 목, compare A with B A를 B와 비교하다.
  compare two apples 사과 두 개를 비교하다.
- going on 거의
- It's going in 12 o'clock. 거의 12시다.
- has been running. 계속 운영해오고 있다.
- a lot = much = still = far 훨씬, 더욱
- a lot[much] of fresher 훨씬 싱싱한, 더욱
- have a better smell. 냄새가 더 좋다.
- [as] compare to [with] …에 비교하면 (비교하여)
- those sold at …에서 팔리고 있는 것들
- the home of …의 원산지, …의 본고장
- home 서식처, 원산지, 본거지, 본고장, 자기의 집, 자택, 생가, 고향, 본국, 양육원, 고아원, 안식처, 숙박소, 요양, 기지, 본부
- compare 비교하다, 대조하다. (with, to)
- peel + 목 + 목, peel + 목 + 전 + 명
  Please peel me an apple. = Please peel an apple for me. 사과 껍질 좀 벗겨 주세요.
- eat … skin and all …을 껍질 채 먹다.
- Mother usually …평소에 어머니는 …
- peel us apples. 우리에게 사과를 깎아주다. (껍질을 벗겨주다.)
- eat … as it is = eat … as they are. 그대로 먹다.
- as it is 그대로
- peel …의 껍질을 벗기다. peel an apple. 사과의 껍질을 벗기다.

## 141 도보여행 (Hiking)

아버지와 하이킹에 관해서 대화를 했다. 도시에 사는 우리 같은 사람들은 자연과 접촉하면서 숲의 신선한 공기를 호흡하는 것이 중요하다고 가끔 말씀하신다. 아버지께서 금년에는 가족 전원이 함께 하이킹을 할 것이라고 하셨다. 그 말씀이 신나게(멋지게) 느껴졌다. 그리고 좋은 생각 같았다. 해마다 이맘때는 산들은 붉은 잎들로 아름답다. 우리 식구 모두는 야외에서 자연을 벗 삼으며 도시락을 먹는 기분을 좋아한다.

Father and I talked about hiking. He sometimes tells us that it is important for people like us in the cities to breathe the frcsh air in the woods, coming into contact with nature. Father told us that we all would go hiking together this year. That sounded like a good idea. Mountains, at this time of the year, are beautiful with red leaves. We all love the feeling of eating packed lunch in the open air conversing with nature.

### NOTES

- hiking 도보여행, 운동, 행락을 위해 교외, 산야를 걷는 소풍
- picnic 야외에서 먹을 음식을 지참하는 소풍
- It is no picnic 속어로 장난(쉬운 일)이 아니라
- picnicker 소풍객
- it is important for people to 부정사 : 사람들이 …하는 것이 중요하다.
- people like us in the cities 도시에 사는 우리 같은 사람들

○ breathe the fresh air in the woods. 숲속의 신선한 공기를 호흡하다.
○ come into contact with nature. 자연을 접촉하다.
○ coming into … 분사구문으로 …하면서
○ go hiking together. 모두 함께 도보여행가다.
○ at this time of [the] year 매년 이맘때에는
○ beautiful with …로 아름다운
○ with red leaves 홍엽으로
○ love the feeling of …하는 기분을 무척 좋아하다.
○ give a feeling of [that] …이라는 느낌을 주다.
○ eat packed lunch. 점심을 먹다.
○ of+ 동명사이기 때문에 여기서는 of eating …
○ in the open air 야외에서, 옥외에서
○ converse (함께 사귀다의 뜻에서) 이야기하다, 벗하다.
○ conversing with nature 자연을 벗 삼으면서

MONTH.    DATE.

## 주말에 (Over The Weekend)

**142**

학교에서 짝과 수업시간 사이의 휴게시간에 주말에 무엇을 했는지에 관해서 이야기했다. 그녀는 토요일에 할 일이 많았다. 어머니가 밥하는 것, 반찬 만드는 것, 오이김치 담그는 것, 설거지 하는 것을 도와주었다. 그리고 그녀는 강아지도 씻기고 상점 문이 닫기 전에 쇼핑도 했다. 그녀는 주말에 내가 무엇을 했는지 물었다. 나는 집안 대청소를 하고 한 친구와 점심 약속에 대해서 그리고 내가 읽었던 책에 대해서 말해 주었다. 그러고 나서 시계를 보고 수업에 들어가야 한다고 했다.

Talked with my mate about what we had done over the weekend during an intermission. She had a lot of things to do. She helped her mother [to] cook rice, make side-dishes, make cucumber Kimchi and wash the dishes and then she washed the dog, did some shopping before stores closed. She asked me what I had done over the weekend. [I] Told her that [I] had given the house a thorough cleaning and about my lunch date with one of my friends and about the book I had date with one of my friends and about the book I had read through. Then [I] looked at my watch and said we had to go back to the classroom.

---

**NOTES** ..............................................................................................

○ my mate 나의 짝

- about what we had done over the weekend 주말에 무엇을 했는지에 대하여
- over
- during an intermission 막간에, 휴게시간에
- intermission 수업사이의 휴게시간 수업사이의 휴게시간
- a lot of things to do 많은 할 일
- help her mother [to] cook …어머니가 …하는 것을 돕다.
- make side-dishes. 반찬을 만들다.
- cook rice. 밥을 짓다.
- make cucumber Kimchi. 오이김치를 담그다.
- do some shopping. 물건을 좀 사다.
- give the house a thorough cleaning. 대청소를 하다.
- thorough 철저한, 완전한, 절대적인, 순전한, 전적인
- lunch date with …와 점심을 같이 할 약속
- one of my friends 친구 한 사람
- about the book I had read through 내가 읽었던 책에 관하여
- about my lunch date with …와 식사할 약속에 관하여
- go back to the classroom. 수업을 받기 위해 교실로 되돌아가다.
- go back 되돌아가다, 과거로 거슬러 올라가다, (to) 회고하다, 내리막이 되다, 한창때가 지나다.
- Go away [with you!] 저리가, 어리석은 소리마다
- go away 가다, 떠나다, 휴가, 신혼여행을 떠나다, …을 가져가 버리다, 갖고 도망가다, 사랑의 도피행을 하다.
- go back on [upon] 약속 등을 취소하다, 주의를 버리다, 철회하다, 남을 배반하다, 속이다.
- go between. 중개하다, 중매하다.

은행나무 (Ginkgo Trees)

집근처에는 많은 은행나무들이 있는데 잎들이 노랗게 물들고 있다. 그리고 잎들이 떨어지고 있다. 학교로 통하는 길 양쪽에 은행나무가 즐비하게 늘어서있다. 나뭇잎이 무성했던 것이 벌써 어제 같은데 벌써 늦가을이다. 세월이 정말 빠르다. 다음 달 초에는 은행잎이 다 떨어져서 앙상하게 보일 것이다. 가을에 이렇게 날씨가 춥다니!

There are many ginkgo trees near my house. The leaves are being tinged with yellow and they are going off. On either side of the street leading to school, ginkgo trees were leaved out but it is already late fall. Time really flies. The ginkgo trees will look thin with their leaves all gone off early next month. Such a cold day at this time of fall!

**NOTES**

○ are being tinged. 물들고 있다.
○ be being + 과거분사는 현재진행수동태이다.
○ tinge (엷게) 물들이다, 한 냄새가 나 맛이 조금 나게 하다.
○ be tinged with …로 물들여지다.
○ go off (잎이) 떨어지다, 일이 되어가다, 떠나가 버리다, (총알이)나가다, (폭탄이)터지다, (사이렌이)울리다, 약화되다, 잠들다, 의식을 잃다, 실신하다, 고통, 흥분이 가라앉다, 떨어지다, 없어지다, 갑자기 없어지다, 시작하다, 행하여지다, 배우가 화장하다.
○ early next month 다음 달 초에

- on either side of the street 길 양쪽에 = on both sides of the street
- leading to school 학교로 통하는
- stand in a row. 즐비하게 늘어서있다.
- It seems only yesterday that 절 …한 것이 바로 어제 같은데
- be leaved out. 잎이 무성하다.
- leave 식물이 잎을 내다, 잎이 나다.
- leave leaf(나뭇잎)의 복수 / leaf 잎이 나다, 책 등의 페이지를 홀홀 넘기다
- late fall 늦가을
- Time really flies! 세월이 정말 유수 같다.
- fly 나는 듯이 달리다, 나는 듯이 지나가다.
- will look thin. 앙상하게 보일 것이다.
- thin 내용이 없는, 천박한, 성긴, 여윈, 수척한, 묽은, 희박한, 멀건, 드문드문한, 앙상한, 사람 수가 적은, 구어로 쓰여 : 불쾌한, 비참한
- with their leaves all gone off 잎이 모두 떨어져 나가서
- Such a cold day at this time of fall! 가을에 이렇게 날씨가 춥다니
- Such a cold day at this time of spring! 봄에 이렇게 날씨가 춥다니
- Such a warm day at this time of winter! 겨울에 이렇게 날씨가 따뜻하다니
- Such a snowy day at this time of late fall! 늦가을에 이렇게 눈이 오다니

## 계절과 함께 변해가는 나무
### (The Trees Changing With The Seasons)

학우 몇몇과 서울에서 멀지않은 소요산을 찾았다. 상쾌한
바람 따스한 햇살 그리고 노래하는 새들이 모두 우리의 친
구였다. 각자 가지고 간 점심, 과자와 과일을 맛있게 먹었
다. 점심을 먹고 함께 노래를 부르기도 하고 게임도 하면서
얼마동안을 보냈다. 너무 신이나 있었다. 나무들이 계절과
함께 변하는 것을 보며 감탄했다. 잠시 동안 혼잡한 도시를
떠나 자연의 품에 안겨보는 것도 건강에 좋다고 생각한다.
공부하다가 싫증이 날 때마다 자연의 품에 안기고 싶다.

Went to Mt. soyo not far from Seoul with some of my classmates.
Fresh breeze, warm sunshine and singing birds were all our friends.
We enjoyed a delicious lunch, cookies and fruits each of us carried.
After lunch we spent some time together playing games and singing
songs. We were so excited. Was impressed at the sight of trees
changing with the season. Think it is good for our health to leave
crowded city for some time and to be in the breast of Mother-nature.
Wish to be in the breast of Mother-nature when I am tired of my
study.

**NOTES**

○ fresh breeze 상쾌한 바람
○ warm sunshine 따스한 햇볕
○ each of us carried 각자가 가지고 간

○ spent some time together. 함께 얼마동안을 보내다.

○ playing~ …하면서

○ be so excited that… 대단히 흥분이 되어 있다. 너무 신이나 있다.

○ be affected at the sight of …을 보고 감탄하다.

○ be impressed at the sight of …의 광경을 보고 감동하다.

○ affect 감동시키다, …에게 감명을 주다, …에 영향을 미치다, 작용하다, 악영향을 미치다.

○ be much affected at the miserable sight. 그 비참한 광경에 큰 충격을 받다.

○ be affected by heat. 더위를 먹다.

○ trees[which are] changing with the season 계절과 함께 변하는 나무들

○ think it is good for our health to …하는 것이 건강에 좋다고 생각하다.

○ leave crowded city for some time. 얼마간 복잡한 도시를 떠나다.

○ to be in the breast of Mother-nature 자연의 품에 안기는 것

○ wish …이기를 기원하다, 원하다, 되어 지길 빌다.

○ with는 want의 품위 있는 표현이다.

○ when[whenever] I am tired of my study[work] 공부하다가 싫증이 날 때마다(일에 지칠 때마다)

○ be tired of. 싫증이 나다.

○ be tired out. 녹초가 되다.

○ sick and tired of …진저리 넌더리나서

첫눈 (The First Snowfall)

지난밤 자정 경에 눈이 내리기 시작했다. 계절의 첫눈이었다. 꽤 많이 내렸다. 눈 내리는 속을 걷고 싶어진다. 눈이 꽤 많이 쌓였다. 이달에는 눈이 펄펄 내릴 것이다. 눈이 펄펄 내릴 때는 스키를 타러 가고픈 억누를 수 없는 충동을 느낀다. 나는 초등학교 때 처음 스키타기 시작해서 지금까지 7년째 해오고 있다. 스키의 최고 시즌이 1월에서 2월까지 이므로 때가 될 때까지 기다려야만 한다. 기다리는 자에게 모든 것이 성취된다.

Towards midnight last night is began to snow. This was the first snowfall of the season. It snowed quite a little. Felt like walking in the snow. [through the snow] Snow piled up quite a bit. Snowflakes will flutter in the air this month. When snowflakes flutter in the air, feel an irresistible urge to ho skiing. Started skiing when I was at elementary school, so I have been doing it going on 7 years. Since the high ski season is from January to February, I will have to wait for it. Everything comes to those who wait.

**NOTES**

- towards midnight 자정 경에
- towards 시간의 접근을 나타내어 : 무렵, 쯤
- quite a little[bit] 꽤(제법) 많이
- the first snowfall of the season 계절의 첫눈

- by this morning 오늘아침까지는
- flutter in the air. 공중에 펄펄 날리다.
- feel like+ving …하고 싶어지다.
- walk in the snow. 눈 속을 걷다. = walk through the snow
- pile up 쌓이다 = lie
- snowflakes 눈송이
- flutter 팔랑팔랑 떨어지다, 새 등이 날개 치다, 펄럭이다, 나부끼다
- in the air 공중에, 감돌고, 계획 등이 막연하여, 미정으로, 화내어
- start skiing. 스키타기 시작하다.
- when I was at elementary school 내가 초등학교에 다닐 때
- I have been doing it. 그것을 계속 해오고 있다.
- going on 거의
- since …이므로
- high ski season 스키의 최고 시즌
- will have to …have to …의 미래형
- Wait for it. 때가 될 때까지 기다려라.
- those who wait 기다리는 사람들
- everything comes. 모든 것이 오다, 모든 것이 도착하다.
- those who …하는 사람들
- feel[have] an irresistible urge to …하고 싶은 억누를 수 없는 강한 충동을 느끼다.
- irresistible 억누를 수 없는, 억제할 수 없는, 저항할 수 없는, 싫다 좋다 말할 수 없는, 사람을 녹이는
- urge 강한 충동, 자극, 압박, 몰아댐, 충동을 받다, 재촉하다, 충동하다.

## 146  스키여행 (Skiing Trip) · 눈썰매 (A Snow Sled)

기상했을 때 몹시 추웠다. 명수와 나는 개를 앞세우고 속보를 하여 몸을 덥게 했다. 공원에 잔디밭이 온통 두터운 서리로 덮여 있었다. 명수는 우리들을 스키장에 데려가 달라고 아버지 어머니에게 몇 번이고 졸랐다. 아버지는 우리들에게 철이 지나기 전에 스키 타러 한 번 더 갈 계획을 세우도록 허락하셨다. 명수는 썰매 타는 걸 좋아한다. 눈썰매 타기를 손꼽아 기다려왔다. 내가 스키 타는 요령을 가르쳐 주었지만 아직까지 직선코스 안에서만 탈 수 있다. 열중하는 성격이지만 그런 식으로 해서는 너무 느리다.

It was very cold when got up. Myung-su and I heated ourselves by rapid walking led by the dog. The lawn in the park was all covered with heavy frost. Myung-su pressed and pressed father and mother to take us to a skiing ground. Father let us plan one more skiing trip before the season is over. Myung-su loves to sled. He gas been looking forward to sledding on the snow. Though [I] had taught him how to ski, but so far he could ski only in a straight line. Though he is so enthusiastic, that's too slow, going about it that way.

**NOTES**

◎ heat ourself by …를 해서 몸을 덥게 하다.
◎ by rapid walking 속보를 해서

- rapid 신속한, 렌즈 등이 고감도의, 재빠른, 날랜, 민첩한, 가파른(비탈길)
- set something straight 구어로 : 바로잡다, 고치다.
- straight 구어로 : 솔직하게, 기탄없이, 사실 그대로
- led by …을 앞세우고, = spearheaded by…
- lead(손을 잡고) 이끌고(끌고) 가다, 인도하다, 안내하다.
- led lead의 과거, 과거분사로 : 이끌리는, 지도되는
- a led dog 끌려가는 개, a led horse 끌려가는 말
- lead a person to a place
- lead a person by the hand
- the lawn in the park 공원 내 잔디밭
- be all covered with …로 온통 덮여있다.
- heavy frost 심한 서리, 큰 서리
- let us plan one more skiing trip. 스키여행을 한 번 더 갈 계획을 세우도록 허락하다.
- before the season is over 철이 지나기 전에
- look forward to …손꼽아 기다리다, 즐거운 마음으로 기다리다.
- sledding on the snow 눈썰매타기
- though …이지만
- teach him how to ski. 그에게 스키 타는 요령을 가르치다.
- 여기서 had taught는 주절의 could ski only 보다 앞선 시제
- so far he can …only 지금까지 그는 …만 할 수 있다.
- enthusiastic 열중하는 성격의
- going about it that way 그런 식으로 해서는, …this way 이런 식으로 해서는
- straight off 곧장, 척척
- get something straight 구어로 : 이해하다.
- keep straight. 착실하게(정직하게) 하다.
- make straight. 똑바로 하다.
- put things straight. 정돈하다.

## 크리스마스 기분 (Christmas Spirit)

귀가 길에 동생 동민이와 연말의 상점들을 보러 명동에 갔었다. 쇼윈도에 크리스마스 추리와 은사, 반짝이 색구들과 인공눈으로 장식한 상점들로부터 징글벨과 화이트 크리스마스 멜로디가 들려왔다. 모금함과 함께 길 한편에 서있는 구세군도 볼 수 있었다. 부모님 앞으로 연말 선물이 배달되었다. 보자기로 싼 꾸러미였다. 어머니가 꾸러미를 끌렀다. 인삼이었다. 부모님께 좋은 선물이 될 것이다.

On my way home went to Myungdong to see the year-end stores. The melodies of 'Jingle Bells' and 'White Christmas' were heard from the stores decorated their show windows with x-mas trees, tinsels, colored lights and cotton snow. We also could see salvation army workers standing on a street corner with collecting boxes. A year-end present for my parents was delivered. It was a cloth-wrapped parcel. Mother unpacked it. It was Ginseng. It would make a nice present for my parents.

---

**NOTES**

○ to see the year-end stores 연말의 상점을 구경하러
○ be heard. 들려오다.
○ decorate A with B. A를 B로 장식하다.
○ decorate 장식하다, …의 장식물이 되다, …에게 훈장을 주다.
○ decorate a bride-chamber with flowers and pictures. 신방을 꽃과 그림

으로 장식하다.

◎ tinsel 장식용 금은사 반짝이

◎ colored lights 착색한 전깃불(전구)

◎ cotton snow 솜 눈, 인공눈

◎ standing on a street corner 길 한편에 서있는

◎ with collecting boxes 모금함을 가지고

◎ a year-end present 연말 선물

◎ for my parents 부모님 앞으로

◎ was delivered. 배달되었다.

◎ a cloth-wrapped parcel 보자기에 싼 소포

◎ unpack 끄르다, 꾸러미, 짐을 풀다, 안에 든 것을 꾸러미, 짐 등에서 꺼내다.

◎ make a nice present for …에게 좋은 선물이 되다.

◎ make …이 되다, …에게 하게하다, …을 …으로 보이게 하다, …을 …으로 만들다, …이 되게 하다.

◎ make a person ill. 병들게 하다.

◎ untie 끄르다, 풀다, 꾸러미 등의 매듭을 풀다.

◎ untie a package. 꾸러미를 풀다.

◎ untie her apron. 그녀의 앞치마의 끈을 풀다.

◎ untie from. 곤란 등을 해결하다.

◎ untie her from bondage. 그녀를 속박에서 해방하다.

◎ bondage 행동 자유의 속박, 굴종, 노예의 신분, 정욕 등의 노예가 됨, 농노의 신세, 천역

◎ in bondage 감금되어, 노예가 되어

## 148 슈퍼마켓 (Supermarket)

어머니는 크리스마스 휴가철(연말연시)을 대비해서 사실 것이 많았다. 슈퍼마켓에서 물건 사는 것을 도와주었으면 해서 같이 갔었다. 평소보다 약간 혼잡했다. 모든 것이 선반과 진열대에 산뜻하게 진열되어 있었다. 어머니는 마켓에서 제공하는 손수레에 필요하신 것을 주섬주섬 담으셨다. 물건 하나하나에 가격이 적혀 있었다. 나는 물건들을 상점 계산대로 가져갔다. 총액이 작은 전표에 명시되어 나왔다. 나는 집에 가져가도록 봉지나 상자에 물건들을 넣었다.

Mother had many things to buy for the Yuletide season. She wanted to help her shop at the supermarket. Went with ger. It was a little crowded than usual. Everything was displayed neatly on shelves and racks. Mother put the items she wanted one by one into the cart provided by the supermarket. The prices are marked on each items. [I] Took our goods to the cashier's counter. Our total bill was presented on a small slip. Put the things in bags and boxes to take home.

### NOTES

◎ have many things to buy. 살 것이 많다.
◎ for the Yuletide season 크리스마스 휴가 동안에 쓸 것을 대비해서
◎ Yuletide season = Christmas season (12.24~1.6까지)
◎ help her shop at …에서 물건 사는 것을 돕다.

○ a little crowded 조금 혼잡한

○ be displayed. 진열되어 있다.

○ display 진열하다, 전시하다, 장식하다, 발휘하다, 과시하다.

○ neatly 모양 좋게, 깔끔하게, 말쑥하게, 교묘하게, 적절하게

○ on shelves and racks 선반과 걸이 위에

○ shelf 선반, 시렁, 바위 시렁, 암초, 모래톱, 여울

○ rack 그물선반, …걸이, 상자선반

○ the rack 고문대, 고문, 큰 고통(육체 정신의)

○ one by one 주섬주섬, 하나하나

○ the items [things] she wanted 원했던 물건들

○ put into the cart provided by …에서 제공하는 손수레에 넣다.

○ the prices are marked. 가격표시가 되어있다.

○ on each items. 물건 하나하나 마다.

○ take A to B : A를 B의 장소로 가져가다.

○ to the cashier's counter 계산대로

○ our total bill was presented. 우리가 산 물건의 총액이 찍혀 나왔다.

○ on a small slip 작은 전표에

○ present 표시하다, 나타내다, 나타내 보이다.

○ cash register 자동계산기

○ be totaled up 총계(합계) 되어 지다, (계산대에서)

# 김장
## (Kimchi-Making For The Winter)

어머니는 이웃에 사는 몇몇 부인의 도움을 받아 배추 100 포기로 김장을 했다. 무김치도 만들었다. 나는 김치 항아리들을 묻기 위해서 건물 앞 공터의 땅을 팠다. 김치항아리들은 얼고 시어지는 것을 막기 위해서 땅속에 묻어진다. 그래서 겨울 내내 맛있는 김치를 먹을 수 있다. 김장은 큰일이다. 어머니 혼자서는 도저히 하실 수 없다. 김치는 일일이 (하나하나) 손으로 만들어야 하기 때문에 일손이 많이 필요하다. 어머니는 내년에 김치냉장고를 구입할 예정이다.

Mother, with the help of some neighbor women, made Kimchi with 100 Chinese cabbages, radish Kimchi as will. Dug in the unoccupied ground in front of the building to bury the Kimchi jars. They are buried underground to keep Kimchi from freezing and turning sour. Thus we can enjoy Kimchi all through winter time. Kimjang is such a big job that mother cannot possibly do it by herself. Kimjang requires many hands because Kimchi is made one by one by hand. Mother is going to buy and icebox for Kimchi next year.

**NOTES**

◎ with the help of ···의 도움을 바다
◎ some neighbor women 동네 이웃 부인들
◎ as well ···도

○ icebox for Kimchi 김치냉장고

○ icebox 구어로 쓰여 : 한냉지, 몹시 추운 곳, (미국에서)전기냉장고, 냉장고의 냉동실, 얼음을 사용하는 냉장고

○ cabbage 양배추, 속어로 : 지게, 무관심한(무기력한) 사람

○ radish 무, 야구 속어로 : 공, 야구

○ turnip 순무(뿌리) 속어로 : 대 회중시계

○ turnip tops[greens] 순무의 어린잎(식용)

○ Chinese cabbage 통배추

○ dig 땅, 밭을 파다, 파헤치다, 구어로 : 찌르다, 찔러 넣다, 꽂다.

○ unoccupied ground 공터

○ bury 묻다, 매장하다.

○ be buried underground. 땅에 묻어지다.

○ keep Kimchi from… 김치가 …하는 것을 막다.

○ keep + 목적어 + form… 목적어가 …하지 못하게 하다, 방해하다.

○ freezing and turning sour 얼고 시어지는 것

○ freeze 얼음이 얼다, 얼음이 얼 정도로 춥다, 얼게 하다, 결빙시키다.

○ turn sour. 시어지다.

○ sour 시어진, 신, 시큼한, 신 내가 나는, 심술궂은, 마음이 삐뚤어진, 앵돌아진, 불쾌해진, 음산한

○ thus 이리하여, 그러므로

○ enjoy Kimchi all through winter time. 겨울 내내 맛있는 김치를 즐겨 먹다.

○ such a big job that 너무 큰일이라서

○ cannot possibly do it. 도저히 할 수 없다.

○ possibly는 부정문에서 can과 함께 : 도저히 …못 하다, 아무리해도

○ by herself 그녀 혼자서

## 겨울방학 (Winter Vacation)

금년도 아흐레 남긴 채 저물어 가고 있다. 골치 아픈 시험
도 마침내 끝났다. 오늘부터 시작으로 한 달간의 긴 겨울방
학에 들어간다. 성탄절과 설날이 줄줄이 잇따른다. 아버지
께서는 우리들에게 평범하게 생활하도록 말씀하셨다. 어머
니께서는 방학동안에 성실한 생활을 하는 게 좋을 것이라
고 충고하신다. 부모님의 뜻을 어겨서는 안 되겠다. 방학동
안에 보람 있는 생활을 해야겠다. 방학동안에 들뜨는 것은
금물이다.

This year is coming to a close with only nine days left. The
troublesome exams finally came to an end. Beginning today we
have a month's long winter vacation. Christmas and New Year's
Day follow in rows. Father hold us to live a humdrum life. Mother
gives us an advice that it is better for us to live a life that's full
during the winter vacation. We shouldn't do anything against our
parents'wishes. Will lead a life worth living. Being scatterbrained
during the winter vacation is taboo.

**NOTES**

- come to a close. 끝나다.
- with only …left …을 남겨놓고
- beginning …부터 시작해서, …부터 시작으로
- We have a … vacation …동안의 방학이다.
- follow in rows. = follow in row after row. 줄줄이 잇따르다.

- live a humdrum life. 평범한 생활을 하다.
- humdrum 평범한, 보통의, vi 평범하게 해나가다.
- 주어 + give + 목 an advice that it is better for + 목 + to부정사 : 주어는 목적어에게, (목적어가) …하는 것이 좋을 거라고 충고하다.
- live a life that's full. 성실한 생활을 하다.
- We shouldn't do … 여기서 we는 동생과 나 이다.
- do anything against our parents' wishes. 부모님의 뜻을 어기다.
- against …에 반하여, …에 반대하여, …에 부딪쳐서, …에 반항하여, … 에 거슬러서, …거역하여
- wishes 남의 행복, 평안 등을 바라는 말, 기원, 바라는 바, 소원, 소망, 희망
- lead a life worth living. 보람 있는 생활을 하다.
- worth living 보람 있는
- full 알찬, 충실한, 강렬한, 뿌듯한, 가슴이 벅찬, 흐뭇한, 복스러운, 볼 품 있는
- My heart is full. 가슴이 벅차다. (흐뭇하다.)
- being scatterbrained 들뜬다는 것, 차분하지 못한 것, 머리가 산만한 것
- taboo 금기, 꺼림, 금제, 금령, 금안, 금기하는 말
- She is full in the face. 얼굴이 복스럽다.
- wish for peace. 평화를 원하다.
- wish …이길 원하다
- I wish well to all of you. 나는 여러분 모두의 행운을 빈다.
- Please send him my best wishes. 그분에게 안부전하여 주시오. 여기서 wishes는 행복, 평안을 바라는 말.

## 묵은해를 보내며
### (Seeing The Old Year Out)

2018년의 마지막 날이다. 2018년은 국내외로 다사다난한 한해였다. 여러 가지 국내 문제는 차치하고 국가적 행사와 국제적 행사가 줄줄이 이어졌었다. 우리는 곧 묵은해를 보낸다. 시장을 비롯하여 몇몇 고위 관리들이 묵은해를 보내는 제야의 종을 칠 것이다. 보신각 종소리를 듣는 동안에 나의 가슴은 감회로 벅찰 것이다. 머지않아 한 살 더 먹게 된다. 나는 나이를 헛먹었다고는 생각하지 않는다. 공부를 열심히 해 왔고 내년에도 열심히 하겠다.

This is the last day of the year 2018. The year 2018 was very eventful at home and abroad. national events and international events followed in row after row, setting various domestic problems aside[apart]. We are going to see the old year out soon. Some high officials including the mayor of Seoul will ring out the old year. While listening to Bosingag bell, hearth will be full of deep emotion. [I] Will grow a year older before long. [I] Don't think I have put on years for nothing [in vain]. have banged away and will bang away next year as well.

**NOTES**

○ very eventful 다사다난
○ at home and abroad 국내외가
○ follow in row after row. 잇따라(줄줄이) 이어지다.

- setting … aside [apart] 차지하고
- national projects 국가사업. domestic problems 국내문제
- aside ad. 접어두고, 제쳐 두고, …을 별도로 하고, …생각하지 않고, 잊어버리고
- see the old year out. 묵은해를 보내다.
- high officials 고위관리들
- including = as well as 비롯하여
- the Mayor of Seoul 서울시장
- ring out the old year. 제야의 종을 치다.
- listen to the Bosingag bell. 보신각 종소리를 듣다.
- while ~ing …하는 동안에
- my heart …나의 가슴은 …
- be full of deep emotion. 감회로 벅차다.
- deep emotion 감회
- emotion 강력한 감정, 감동, 감격
- give oneself up to deep emotion = feel emotion 감회에 젖다.
- grow a year older. 한 살 더 먹다.
- before long 머지않아
- have put on years for nothing. [in vain] 나이를 헛먹다.
- for nothing 부질없이, 거저, 까닭 없이, 무료로, 공짜로
- bang away 구어로 쓰여 : (공부 등을) 열심히 하다
- as well …도
- set aside …을 따돌리다, 제외하다, 판결을 파기하다 = put aside

# bad

주어 + be bad는 '몸이 불편하다. 아프다'의 표현에 쓰인다. 여기서 bad 는 건강상태가 좋지 않은, 불편한의 뜻이 있다.

◇ I'm bad today. 는 오늘은 몸이 불편하다의 뜻
◇ I was bad는 '몸이 아팠다'의 뜻

주어 + be bad at…는 …가 서투르다, 익숙하지 못하다

◇ I'm bad at writing은 '글씨가 서투르다'의 뜻

주어 + feel bad는 '기분이 나쁘다'의 표현에 쓴다.

◇ I feel bad는 '기분이 나쁘다'의 표현이다.

주어 + feel bad about …는 …를 유감스럽게 생각한다.

◇ I feel bad about that은 그 일을 유감스럽게 생각한다.

주어 + be not bad for… 치고는 괜찮은 편이다.

◇ get a bad name은 '평판이 나빠지다'의 숙어
◇ I don't want to get a bad name. 평판이 나빠지길 원하지 않는다는 뜻이 된다.

★ have a bad name은 현재 평판이 나쁘다의 뜻

have a bad time of it 은 '혼나다, 불쾌한 시간을 보내다'의 뜻이다.

◇ The train was packed and I had a bad time of it 은 '열차가 콩나물 시루여서 혼났다'의 뜻이다.
◇ That's (just) too bad는 마음이 안됐다, 유감이다, 불행한 일이다의 뜻이다.

That can't be bad! 그거 잘됐다, 그거 잘됐군요.

주어 + be in bad는 '난처하다'의 뜻이다.

◇ I'm in bad 난처하다.

# good

◇ the good 선량한 사람들
◇ the wicked 사악한 사람들, 악질들
◇ come to good 좋은 결과를 맺다. opp. come to no good.
◇ do good to …에 효력이 있다. 착한 일을 하다. 친절을 베풀다, 도움이 되다.
◇ do+사람+good …에게 도움이 되다, …의 몸(건강)에 좋다.
◇ You do me good. 너는 나에게 도움 된다.
◇ for the good of …의 이익을 위하여, …을 위하여
◇ in good with …의 마음에 들어, (사람과) 관계가 좋은, 평판이 좋은
◇ He's in good with the boss. 그는 우두머리의 마음에 들어있다.
◇ speak (say) good of …을 칭찬하다.
● 참고로 say nice things about …는 …에 대해 칭찬하다, …을 좋은 사람이라 하다.

◇ He says nice things about you. 그분이 칭찬 많이 합니다.

---

주어+be good enough to 부정사 = 주어+be so good as to 부정사는 친절하게도 …해주다의 뜻

---

◇ She was good enough to give me something to drink. 그녀는 친절하게도 마실 것을 주었다.

---

It is good of you to 부정사는 …해주셔서 대단히 감사합니다.

---

◇ That's a good boy(girl, fellow) 착하기도 해라, 착하지

---

주어+be good at… 능숙한, 잘하는, 적임의, 유능한

---

◇ She's good at Chinese. 그녀는 중국어를 잘한다.

★ good and는 구어로 쓰여 대단히, 아주
◇ good and proper 철저히
◇ good and hungry 몹시 배가 고파서
◇ good and tired 아주 치쳐서

# nice

사물주어＋be＋nice to 부정사 …는 …하기 좋다.

◇ The new car is nice to drive. 그 새 차는 운전하기 좋다.

It is nice to meet(see) you. 만나서 반갑습니다.

◇ It is nice to see you again. 다시 만나서 반갑습니다.

주어＋be＋nice to＋명사(대명사)는 …는 …에게 친절하다.

◇ Koreans are nice to foreigners. 한국 사람들은 외국인들에게 친절하다.

주어＋be＋nice＋about(in) …는 …이 까다롭다, …는 …에 꼼꼼하다,
…는 …에 섬세하다.

◇ She is nice about food. 그녀는 입이 까다롭다.

It is nice of you to …해 주셔서 고맙습니다.

◇ It is nice of you to give your seat to me. 저에게 자리를 양보해 주셔서
고맙습니다.
◇ It is nice of you to make room for us. 저희에게 장소를 내주셔서 (양
보해 주셔서, 길을 비켜주셔서) 고맙습니다.
◇ It is nice of you to take up for us. 저희에게 자리를 잡아주셔서 고맙습
니다.

◇ It is nice＋동사 ing는 '…하는 것은 즐겁다, …하니 아주 좋다'의 뜻

◇ It is nice meeting my old friends. 옛 친구를 만나는 것은 즐겁다.
◇ It is nice meeting you. 만나서 즐거웠습니다.

nice and [naisn] '…해서 좋군, 기분 좋게 …하군, 매우…하군'의 뜻

◇ It is nice and cool. 서늘해서 좋군.
◇ It was nice and cool. 서늘해서 좋았다.
◇ as nice as ~ can be는 지극히 좋은, 더 할 나위 없이 좋은
◇ Here is a nice mess. 곤란하게 됐구나.

◇ I'm in a nice fix. [mess] 진퇴양난이다.
◇ The boos is over [too] nice. 사장은 지나치게 잔소리가 심하다.
◇ This is a nice fellow. 이 애는 재미있는 녀석이다.
◇ not very nice 불쾌한, 재미없는

★ nice는 구어에서 반어적으로도 쓰여 난처한, 싫은, 지독한
◇ a nice mess 곤란한 지경
◇ a nice fellow 지독한 녀석

# kind

주어 + be kind [good] enough to 부정사는 : 친절하게도 …하다.

◇ Be kind to lend me the car. 그 차 좀 빌려주세요.

kind to 부정사는 : …좀 해주시겠습니까?

◇ Would you be kind enough to translate this for me? 이것 좀 번역해 주시겠습니까?

Be so kind as to 부정사 = Be kind enough to 부정사는 : 아무쪼록 (부디) …해 주십시오.

◇ Be kind enough to answer my letter. 부디 답장해 주십시오.
◇ with kind regards는 편지의 끝맺는 말로 재배의 뜻이다.
◇ something of the kind 그저 그렇고 그런 것.
◇ differ in kind 성질(본질)이 다르다.
◇ a kind of …일종의

all kinds of… 두둑한, 다수의, 다량의, 많은, 온갖 종류의

◇ Mother gave me all kinds of pocket money. 어머니는 나에게 용돈을 두둑하게 주셨다.

★ all kinds of는 many나 much의 뜻으로 쓰인다.

# unkind

◇ That's very unkind of you. 너무 몰인정하다. 너무 불친절하다. 너무 박정하다. 너무 무정하다. 그건 너무합니다.

◇ You take it unkindly. 나쁘게 해석하는군요.

◇ The policeman looked unkindly at[on] me. 그 경찰관은 나에게 무서운 낯을 했다. (째려보았다)

# nasty

★ nasty[nǽsti]는 명사로 형편없는(싫은, 질이 나쁜) 사람이나 물건, 공포 영화를 뜻함.

★ nasty는 nice의 반대말로 날씨나 바다 등이 험악한, 심한, 고역스러운, 무거운, 비열한, 심술궂은, 음흉한, 간악한, 비천한, 더러운, 불쾌한, 추잡한, 음란한, 구역질나게 더러운, 욕지가 나는, 역겨운 (음식물, 약, 냄새, 맛 등)

# difficult

> It is difficult to 부정사 : …하기 어렵다(힘들다)

◇ It is difficult to persuade her out of those ideas. 그녀를 설득해서 그런 생각들을 버리게 하기가 어렵다.

★ difficult는 육체적인 노력보다 오히려 판단력, 기술, 특별한 지식 등을 필요로 하는 내용들을 담고 있고 hard는 육체적, 정신적으로 노력을 필요로 하는 내용을 담고 있다.

# hard

◇ The mountain is hard to climb. 그 산은 오르기 힘들다.

◇ Fishing is hard work. 어업은 고된 일이다.

◇ be hard done by. 부당한 취급을 받고 있다.

◇ be hard it = be hit hard 심한 타격을 받다.

◇ hard going 좀처럼 진보(진척)하지 않는.

◇ be hard pressed 몹시 바쁘다. 아주 곤란한 처지에 몰려있다.

◇ take it hard 몹시 괴로워하다. 슬퍼하다.

# easy

> 주어 + be easy to 부정사는 : …는 …하기 싫다.

◇ Building a computer is not as easy as it may seem. 컴퓨터를 조립하는 일은 생각처럼 그렇게 쉽지 않다.

◇ He is easy to take up with[get on with] 그는 친해지기가 쉽다. 그는 교제하기 쉽다. 그는 사귀기 쉽다.

★ easy는 태평스러운, 단정치 못 한의 뜻이 있어 She is easy is in her morals. 그녀는 품행이 단정치 못하다.

● 참고로 Be easy! 걱정할 것 없다. 마음의 여유를 가져라.

◇ easy way out 하기 편한 해결법

◇ free and easy 대범하고 소탈한

◇ take it easy = take things easy 덤비지 않다, 매사를 대범하게 생각하다. 서두르지 않다. Take it easy[teikrÍzi]로 잘 가, 수고해의 뜻.

★ easy는 육체적 정신적인 노력이 별로 필요치 않고 쉬운

---

# simple

★ simple은 내용, 구조 등이 단순하여 다루기가 쉬운.

◇ lead a simple life 검소한 생활을 하다.

---

# glad

> I'd be glad to 부정사는 : 나는 기꺼이 …하겠습니다.

◇ I'd be glad to attend the meeting. 기꺼이 회의에 참석하겠습니다.

◇ I'd be glad to help. 기꺼이 도와드리겠습니다.

> I shall be glad to 부정사는 : 기꺼이 …하겠습니다.

◇ I shall be glad to back you up financially. 기꺼이 재정적으로 후원하겠습니다.

| I'm glad to 부정사는 : …하니 반갑습니다. |

◇ I'm glad to meet you. 만나서 반갑습니다.
◇ I'm glad of it. 그것 기쁜 일이군요. (초대 등을 받고)

★ glad는 happy 보다 강하고 기쁜 감정을 표시한다.

| 사물주어+make+목적어+so glad. …가 …를 그토록 기쁘게 해주다. |

◇ Your present made me so glad. 당신의 선물이 그토록 나를 기쁘게 해주었습니다.

---

# happy

| 주어+be happy in+~ing는 : …해서 만족하고 있다. |

◇ My father is happy in having a new car. 아버지는 새 차를 가져서 만족하고 계시다.
◇ many happy returns (of the day) 생일 등의 인사말로 쓰여 오늘 같은 좋은 날이 계속 오기를

★ happy는 자기의 희망이 이루어져서 기쁨과 만족을 느끼다의 의미이며 반드시 표면에 나타나 있지 않는다.

---

# cheerful

◇ cheerful은 기분이 좋아 유쾌한 의미로 그 모습이 표정이나 태도에 나타나있다.
◇ I'm always cheerful at home. 나는 늘 집에서는 쾌활하다.

# but

not A but B로 : A가 아니고 B이다, …하지 않고 … 하다.

◇ This is not a horse but a donkey. 이것은 말이 아니고 당나귀이다.
◇ I didn't play but studied. 놀지 않고 공부했다.

but은 : …외에는, …를 제외하고는

◇ All but she are present. 그녀를 제외하고 다 참석했다.

(It is) not that … but that …해서가 아니라 …하기 때문이다.

◇ (It is) not that I'm lazy but that I have a million things to do. 일을 하기 싫어서가 아니라 할 일이 태산 같아서 이다.

(It is) ten to one but… 십중팔구, 아마 틀림없이.

◇ (It is) ten to one but our team will win. 십중팔구(틀림없이) 이길 것이다.

but good은 : 구어로 쓰여 완전히, 몹시, 아주

◇ They were defeated but good. 그들은 완패했다.

but for는 : …이 없다면, 않았더라면

◇ But for your money, I could not make it. 너의 돈이 없다면 그것을 만들 수 없을 것이다.
◇ But for your money, I could not have made it. 너의 돈이 없었더라면 그것을 만들 수 없었을 것이다.

★ but for는 : if it were not for …이 없다면 또는 if it had not been for …이 없었더라면
★ buts는 : 명사로 이의, 조건

◇ No buts about it = There are no buts about it. 구어 표현에 쓰여 그것에 대해서는 전혀 이의가 없다.

286

# and

between … and로 : …와 …의 사이에서

◇ She has to decide between A and B. 그녀는 A와 B 중에서 어떤 것을 결정해야만 한다.

both and …로 : …도 …도

◇ Both you and I have to stand still. 너도 나도 가만히 서 있어야 한다.

and는 대립적 내용을 나타내어 그런데도, …이면서도, 그러면서도 표현에 쓰인다.

◇ He is a student and acts up. 그는 학생인데도 사납게 군다.

★ and는 앞에 한 말에 추가적으로 보충하여 그것도, 더욱이

◇ I drank beer and my fill. 나는 맥주를 마셨다. 그것도 잔뜩 마셨지.
◇ Father gave me spending money and all kinds of money. 아버지가 용돈을 주셨다. 그것도 두둑한 돈을 주셨지.

and는 동일어를 연결 반복, 강조를 나타낸다.

◇ again and again 자꾸, 재삼재사
◇ Read the book again and again. 그 책을 자꾸 읽어라.
◇ drive miles and miles. 몇 마일이고 운전하다.

★ and는 비교급과 함께 쓰여 더욱더, 점점 더

◇ My car ran faster and faster. 내 차는 점점 더 빨리 달렸다.

and는 형용사 nice, good, rare, fine 등과 같이 쓰여 대단히, 아주의 뜻으로 쓰인다.

◇ good and tired 몹시 피곤한
◇ nice and cool 서늘해 좋은, 아주 서늘한

and는 …더하기

◇ Four and three make(s)]equal(s)] seven.

★ and that으로 : 앞 문장 전체를 받아서 그것도.

◇ She reaches her office late and that very often. 그녀는 직장에 지각한
다, 그것도 빈번히 말이야.

★ and then 그 다음에, 그러고 나서, 게다가

◇ 참고로 but then은 그러나, 또 한편으로는, 그래도

★ and all that은 : …니 어쩌니, …하여, …하며

◇ She said the new car was bad and all that. 그녀는 새 차가 나쁘니 어
쩌니 했다.
◇ She said you were wrong and all that. 그녀는 당신이 나쁘니 어쩌니
했다.

★ and how는 : 이만저만, 굉장히, 매우, 그렇고 말고

◇ They are making a noise and how. 그들은 이만저만 떠들고 있는 게
아니야. (말도 못 해)
◇ He has made a noise in the world and how. 그 사람 이만저만 유명해
진 게 아니야. (이만저만 소문난 게 아니야.)

★ and yet 또는 but yet으로 : 그런데도, 그럼에도 불구하고, 게다가(더욱)

◇ It's already September but yet it is almost as sultry as midsummer. 벌
써 9월인데도 거의 한 여름처럼 무덥다.
◇ He acts up, and yet she loves him. 그가 사납게 구는데도 불구하고 그
녀는 사랑한다.
◇ this way and that 이리저리, 갈팡질팡 하여.

◇ Go (-) see who it is. 누가 왔는지 가봐라.
◇ Come (-) see me now. 지금 찾아오게, 지금 만나러 오게.
◇ Try and be punctual. 시간을 지키도록 노력하시오.

# for

★ for는 부정사의 의미상 주어로 쓰여서 : …이 …하다.

◇ For you to talk to father like that! 네가 아버지에게 그따위 말을 하다
니.
◇ For you to talk to me like that! 네가 나에게 그따위로 말하다니. (그따
위 말버릇 이라니)
◇ My idea is for us to go there not by car but by plane. 나의 생각은 우
리가 거기에 가는데 차가 아니고 비행기로 가자는 것이다.
◇ It is time for you to come aboard. 이제 당신은 배에(비행기에) 탈시간
입니다.
◇ It is time you went aboard.도 같은 표현이다.
◇ It is necessary for everyone to carry ID at all times. 누구나 항상 신분
증을 휴대하는 것이 필요하다.
◇ It is for a person to 부정사로 …은 …가 …할 일이다, …하는 것은 …
에게 어울리다.
◇ That's for me to decide. 그것은 내가 결정할 일이다.
◇ It is not for you to say what I should do. 내가 무엇을 해야 할 것인가
를 네가 말할 것이 못된다.

for all … for all that …로 : …에도 불구하고, 그럼에도 불구하고

◇ For all her beautiful face she's all alone. 그토록 미인인데도 (불구하고) 그녀는 외롭다.

◇ For all that she loved me, she changed her mind. 나를 사랑했음에도 불구하고 변심했다. (배신했다.)

for는 이유 또는 원인을 나타내어 : …으로 인하여, …으로 … 때문에

◇ I can't sleep for the subtropical climate. 아열대 기후 때문에 잠을 잘 수가 없다.

◇ I'm sorry for being late. 늦어서 미안합니다.

◇ The fireman was rewarded for saving the boy's life. 그 소방대원은 그 소년의 목숨을 건졌기 때문에 상을 받았다.

for 는 이유 또는 원인을 나타내어 : …으로 인하여, …으로 … 때문에

◇ It is cold for April. 4월 치고는 춥다.

◇ For a learner, his English sounds good to me. 초보자 치고는 영어를 잘한다고 생각된다.

◇ For a greener, he makes a good job of it. 무경험 외국인 직공치고는 일을 요령 있게 잘 해내고 있다.

◇ For an old man, he is young. 노인치고는 젊다.

★ for는 each, every 그리고 수사 앞에 놓여 : …에 대하여의 뜻을 나타내어 역시 비율을 나타낸다.

◇ There are three Korean passengers for every ten foreigner. 승객은 외국인 10명에 대해서 한국인 3명의 비율이다.

for 는 목적지를 나타내어 : …으로 가기위해, …을 향해, …에 입장하기 위한

◇ Is this train for New York? 이 열차는 뉴욕행인가요?

◇ Is this plane for Korea? 이 비행기가 한국행입니까?

◇ Give me two tickets for this game. 이번 경기에 입장할 표 두 장 주시오.

for 는 교환의 의미로 쓰여 : …의 값으로, 금액으로, …에 대하여, …와 교환으로

◇ I paid $ 10,000 for the new car.
◇ These pears are 10,000 won for four. 이 배는 4개에 만원이다.
◇ These pears are four for 10,000 won. 이 배는 4개에 만원이다.

---

★ for는 이익이나 영향을 나타내어 : ···을 위하여(···을 위한), ···에 (대해)

---

◇ It is convenient for you that you can feed (data) for a computer. 컴퓨터로 처리할 수 있다는 것은 당신에게 편리한 일이다.
◇ Can I do anything for you? 뭐 시키실 일 없습니까?

........................................................................................

## SO

---

so는 동위접속사로서 : 그래서, 그러므로

---

◇ I grew more and more in love with her, so I asked her hand in marriage. 점점 그녀에게 애정을 느끼게 되었으므로 청혼을 했다.
◇ I grew away from her, so I gave up. 그녀에게서 차츰 멀어져갔다. 그래서 단념했다.

---

★ so는 종위접속사로서 : ···하기 위하여, ···하도록, ···할 수 있도록 so that의 that이 생략된 형태이다.

---

◇ I spoke a little louder so they can all hear me. 그들 모두가 들을 수 있도록 나는 좀 더 큰 소리로 말했다.

---

★ just so의 형태로 : ···이기만 하면, ···인 한은

---

◇ He goes out without saying a word, just so it's money. 돈이기만 하면 아무 말도 없이 나가버린다.
◇ She doesn't care what they say, just so she gets paid. 급료만 받기만 하면 그녀는 누가 무어라하든 상관하지 않는다.

---

★ so는 so that ···may[can, shall, will]의 형태로 : ···이 ···하도록, 할 수 있도록

---

◇ Let's go out of the room so that they can talk freely. 애들이 자유롭게 말할 수 있도록 방에서 나갑시다.
◇ Father went out of the room so that we could play freely. 우리가 자유롭게 놀 수 있도록 방에서 나가셨다.

★ 부사 so는 : just 등에 수식되어 반듯하게, 가지런히, 정연하게

◇ I always park my car just so. 나는 늘 반듯하게 주차시킨다.

★ so는 : 부사로서 앞에 나온 명사, 형용사 등을 대신하여 그렇게 내내 그리.

◇ He became a lecturer at[of] Seoul University and remained so. 그는 서울대학교 강사가 되었는데, 그 후에도 내내 강사로 일했다. 여기서 so는 lecturer이다.
◇ Everybody calls me a national hero, but I don't like to be so called. 모두가 나를 국민적 영웅이라고 부르는데 나는 그렇게 불리는 것이 싫다.

★ so는 부사로 : so + 주어 + 조동사나 동사와 쓰여 앞서한 진술에 대하여 동의나 확인을 나타내어 실제, 참으로, 정말로의 뜻.

◇ You said the food here is good, and so it is. 자네 이 집 음식이 좋다고 하더니 참으로 맛있군.

☞ 주의 : 주절에는 said [과거시제] 종속절에는 is [현재시제]로 되어 있는데 시제 일치 문법의 예외이다. 과거부터 현재 혹은 미래에 계속 관계가 미칠 때는 예외가 된다. 이 집 음식은 과거부터 유명하여 지금도 그리고 미래에도 유명할 것이라는 내용을 담고 있기 때문이다.

so + 조동사 또는 동사 + 주어의 형태로 : …도 역시, …도 또한

◇ My father is tall, and so am I. 부친께서 키가 크신데 나 역시 그렇다.
◇ He has a car, and so does she. 그가 차를 가지고 있는데 그녀도 가지고 있다.
◇ He gets up late, and so does she. 그는 늦게 일어나는데 그녀 역시 그렇다.

☞ 주의 : be동사는 be동사로, 조동사는 조동사로, 일반동사는 조동사(do, does, did)로

◇ He can speak Chinese, and so can I.

> ★ so는 대명사적으로 쓰여 : 그렇게의 뜻으로 쓰인다. expect, believe,
> fear, hope, hear, suppose, say, tell, think 등의 목적어로 쓰인다.

◇ I believe so. I think so. I don't think so. I suppose so. You don't say so! 설마, 그럴 수가

> so는 대동사 do의 목적어로 쓰여 : '그와 같이, 그처럼, 그렇게'의 뜻

◇ I was asked to give up, but I refused to do so. 단념하라는 요청을 받았지만 나는 그렇게 하지 않았다.

---

# at

> at은 장소나 위치 앞에 쓰여 : …에서, …에

in은 넓은 장소, 대도시 등에 at은 좁은 장소인 소도시, 마을 앞에 쓴다.

◇ I live at Itaewon in Seoul.
★ He lives in Tokyo. 같은 장소라도 비행기를 갈아탄다든지 즉 지도상의 한 지점일 때는 at을 쓴다.
★ You have to change at Tokyo. 동경에서 갈아타셔야죠. at은 바라보는 장소를 나타내어 …에서, …으로
★ I looked out at the back door. 나는 뒷문에서 밖을 내다보았다. 그냥 뒷문 밖을 보았다라고 할 때는 I looked out of the back door. 이다.

> at은 출입하는 지점을 나타내어 : …으로

◇ Please come in at the back door. 뒷문으로 들어오세요.

> at은 나이 앞에 쓰여 …살 나이에, …살 에, …살 때에

◇ He became a doctor at(the age of) 26. 그는 26살에 박사가 되었다.

at은 빈도를 나타내는 명사 앞에 쓰여 : …로, …에

◇ at times 때때로, at all times 언제나, 늘

at a …, at an …, at one …의 형태로 쓰인다.

◇ He drinks beer at one[a] gulp. 그는 맥주를 한 모금에 마셔 버린다.

at은 순위를 나타내는 명사 앞에 쓰인다.

◇ Try to attain your goal ta the second trial. 두 번째 시도에서 목적을 달성하도록.
◇ at first trial 최초시도에서
◇ at last trial 마지막시도에서
◇ at first 최초에
◇ at last 마지막에

at은 종사중인 대상 앞에 쓰여 : …하는 중. 관사 없이 관용구를 만든다.

◇ be at church. 예배중이다.
◇ be at school. 수업중이다.
◇ be at dinner. 식사중이다.
◇ be at work. 일하고 있다.
◇ be at play. 놀고 있다.
◇ What is she at? 그녀 지금 무엇을 하고 있나?

at은 극점 나타내는 명사 앞에 쓰여 : …한 상태에, …중으로

◇ The typhoon is at its worst. 그 태풍은 지금 최악의 상태이다.

at은 목표나 보는 대상 앞에 쓰인다.

◇ What are you aiming at? 무엇이 목표인가? 무엇을 노리는가?
◇ I'm aiming at the target. 그 과녁을 조준하고 있다.
◇ I'm looking at the stars. 별을 보고 있다.

at은 평화나 불화의 명사 앞에 쓰여 : …한 상태에, …중에

◇ superpowers at war 교전초강국
◇ be at peace 평화롭다
◇ a couple at trouble 불화부부

at은 : 생각하고, …을 보고, …듣고

◇ I was surprised at her rudeness. 나는 그녀의 음란함에 놀랐다.
◇ I was startled at her shriek. 그녀의 비명소리에 소스라쳤다.
◇ I shudder at the very thought of it. 생각만 해도 소름끼친다.

at은 가격, 비용, 수량을 나타내는 명사 앞에 쓰여 : …에, …으로

◇ I bought a secondhand car at a good price. 나는 중고차를 좋은 값에 샀다.
◇ I bought it at ten million dollars. 그것을 천만 달러에 샀다.
◇ I cannot sell it at cost. 원가로 팔 수 없다.
◇ at a [the] cost of $ 200,000 20aks 달러의 비용으로
◇ at all costs = at any cost 어떤 비용이 들더라도

at은 정지를 나타내어 traffic at a standstill 교통정체
at은 기능 명사 앞에서 …을 I'm good at music 음악을 잘한다.

# on

on은 예정을 나타내어 : 예정하여, 배우가 무대에 나가는

◇ Do you have anything on today? 오늘 무슨 예정(약속, 볼 일 등)이 있습니까?
◇ No, I have nothing on. 아니오. 아무 예정이 없습니다.

on은 진행의 뜻을 나타내어 : …이 계속되고 출연하여, 상연하여

◇ Is the strike still on? 파업이 아직도 계속되고 (진행되고) 있습니까?
◇ Is there the soccer game on? 그 축구경기가 진행되고 있습니까?
◇ The actress is on in a minute. 그 여배우가 곧 무대에 출연한다.

◇ What is on? 무엇이 상연되고 있나?

on은 수도나 가스 등이 나와, TV, 라디오

◇ Is the gas on or off? 가스는 틀었나, 잠갔나?
◇ Is TV on? TV는 켜져 있느냐?
◇ Yes, it's on. 예. 켜져 있습니다.
◇ No, it's off. 아니오, 꺼져있습니다.
◇ The water is on. 물이 나옵니다.

on의 동작의 방향을 나타내어 : 이쪽으로, 을 향하여

◇ My birthday is coming on. 생일날이 가까워 온다.
◇ Christmas is coming on. 성탄절이 닥쳐오고 있다.
◇ The car is running farther on. 그 차는 훨씬 앞쪽에 가고 있다.

on은 옷차림에 쓰여 : 쓰고, 입고

◇ On with your hat[cap]. 모자를 써라.
◇ On with your gas mask. 방독면을 써라.
◇ He has his overcoat on. 그는 외투를 입고 있다.
◇ She has a ring on. 그녀는 반지를 끼고 있다.
◇ What does she have on? 그녀는 무엇을 입고 있나?

on은 끈기 있게, 꾸준히 매달려, 잡고 늘어져, 꽉 등의 부착의 내용을 나타낸다.

◇ Try to hang on and you'll make it. 끈기 있게 꾸준히 하면 성공할 것 이다.

on은 동작의 대상 즉 동작을 받는 명사 앞에 쓰여 …을 …을 겨냥하여.

◇ I'll hang one on the hoodlum.[hooligan, gangster] 나는 그 깡패를 한 대 갈기겠다. (두들겨 패겠다.)
◇ Your kid hit my kid on the head. 댁의 아이가 우리 애의 머리를 때렸 어요.

☞ 주의 : kid는 구어로 아이, 젊은이, 청년 미속어로 엉터리, 실없는 소리, 구어로 손아래의, 타동사로 속이
다, 사기하다, 놀리다, 선수 등의 이름 앞에 두어 신진…

---

on은 …의 중독이 되어, 치료를 받고, 식이요법 등을 받고

◇ The hoodlum is on drugs. 그 깡패는 마약 중독자이다.
◇ The player is on medication. 그 선수는 약물치료를 받고 있다.
◇ You better go on a diet. 식이요법을 시작하는 것이 좋겠다.
◇ be on it 으로 의욕이 있다, 익숙해 있다.
◇ Everyone is on it. 다들 의욕이 있다.

---

on은 시간적 동시성을 나타내어 : …하는 대로 바로(곧) …와 동시에
바로.

◇ Please pay for the air-conditioner on delivery. 에어컨 대금은 배달과
동시에 지불하세요.

---

on은 불이익을 당하는 명사, 대명사 앞에 두어 : …해서 곤란하다, …두
고 먼저, …을 비꼰 등

◇ The sarcastic comment is on me. 그 비꼬는 말은 나를 두고 한 말이다.
◇ The flood carried away the bridge on us. 홍수로 다리가 떠내려가서
곤란하다.

---

on은 조건을 나타내어 : …한 조건으로

◇ On condition that you are my guest. 제가 대접하는 조건으로
◇ On equal terms 평등한 조건으로

---

on은 기초의 뜻을 나타내어 : …에 따라, …에 입각하여

◇ On what ground you say so? 무슨 근거로 그렇게 말씀하십니까?
◇ a statement based on fact 사실에 입각한 진술서(성명서)

---

on은 경과의 뜻을 나타내어 : …하는 중

◇ on the strike 파업 중
◇ a magpie on the wing 날고 있는 까치

◇ on leave 휴가 중
◇ on sale 판매 중

on은 상태를 나타내어

◇ Cut the bread on the bias. 빵을 비스듬히 잘라라.

☞ 주의 : bias[báiəs] 는 형용사로 비스듬한, 엇갈린 명사로 사선, 성향, 경향, 편향, 선입견, 편견. 이 때 쓰이는 전치사는 for 또는 against 이다.

on은 수단이나 도구를 나타내어 : …으로

◇ On what did you cut your little toe? 무엇에 새끼발가락을 베었나?
◇ I cut my little toe on a knife. 칼로 새끼발가락을 베었다.
◇ Did you hear it on the radio? 라디오에서 그것을 들었나?
◇ Did you watch the game on TV? TV에서 그 게임을 보았니?
◇ Shall we talk on the cellphone? 휴대전화로 대화하실까요?

on은 소지나 부착의 의미를 나타내어 : 몸에 지니고, …에 붙어서.

◇ I have some money on me. 돈 좀 가진 게 있다.
◇ Is the dog loose or on the chain. 개를 풀어 놓았나 아니면 사슬에 묶여 있나?

on은 관계나 소속의 의미를 나타내어 : …에 관계하고, …에 종사하고

◇ I am on the city assembly. [municipal assembly]
◇ I'm on a fraud case. 나는 사기사건을 담당하고 있다.

on은 어디어디의 …에의 뜻을 나타낸다.

◇ My company is located on the south of Seoul. 나의 회사는 서울의 남쪽에 위치해 있다.
◇ I live in an apartment on the road. 나는 도로가의 아파트에 살고 있다.
◇ We saw the Korean Folk Village on our right. 오른쪽에 한국 민속촌이 보였다.
◇ Is Anyang located on the north of Seoul or on th South of Seoul? 안양

은 서울 북쪽인가요, 남쪽인가요?

---

on은 행보의 진행 중에,  an officer on patrol 순찰 중인 장교

---

◇ on the way 도중에
◇ on one's way to …에 가는 길에
◇ on my way home from school 학교에서 집에 오는 길에
◇ on the road 도중에
◇ That's a sight usually seen[met with] on the road. 그것은 도중에 흔히 볼 수 있는 광경이다.

---

on은 용무나 목적의 의미를 나타내어 : …차, …로, … 때문에

---

◇ Are you here on business? 사업차 오셨습니까?
◇ Are you going on a business trip? 출장가십니까?
◇ I'm going on an errand. 심부름 갑니다.
◇ on purpose 일부러, 고의로
◇ on purpose to 부정사 …할 목적으로

---

# about

---

★ about은 형용사로 : 병이 유행하고, 일어나 돌아다니고

---

◇ Influenza is about. 독감이 유행이다.
◇ When will she be about again? 그 여자 언제쯤 나아서 돌아다니죠?

---

about은 지금 막 …하려고

---

◇ My father is about to go to work. 아버지는 지금 막 출근 하려고 한다.

---

★ about은 부사로 : …시간이 거의 됐다. 대략, 거의

---

◇ It's about time to leave Korea. 한국을 떠날 시간이 거의 됐다.
◇ Dinner is about ready. 저녁식사가 거의 준비됐다.

---

about은 구어로 쓰여 : 좀, 약간, 어쩐지, 여기저기에, 이리저리

---

◇ I'm about tired of his speech. 그의 연설은 좀 따분하다.

about(영), around(미)는 : 가까이에, 주위에, 근처에

◇ Her car is somewhere around. 그녀의 차는 어딘가에 가까이 있다. (가까이 어딘가에 있다.)
◇ I saw you walking about[around]. 네가 걸어 돌아다니는 것을 보았다.

★ about은 : …하는 김에, …하고(전치사)

◇ Go and get a textbook, and while you are about get me an eraser. 가서 교과서를 가져오고 간 김에 지우개도 하나 갔다다오.

about은 전치사로 : 대략, …경에, 거의 …만 한

◇ about the end of this year 금년 말에
◇ You're about my height. 너는 키가 거의 나만하구나.

★ about은 : 주위를 돌아, 둘레를 돌아

◇ We danced about the campfire hand in hand. 우리는 손에 손 잡고 모닥불 둘레를 춤추며 돌았다.
◇ Dancing about the campfire together we had a good time. 함께 모닥불 둘레를 춤추어 돌면서 우리는 재미있게 놀았다.

# above

★ above는 부사로 : 위층에, 바로 위…, …의 상류에

◇ A thief is in the room above. 도둑은 바로 윗방에 있다.
◇ Where is the noise coming from? 그 소음은 어디에서 들려오나?
◇ It is coming from the room above 바로 윗방에서 들려온다.
◇ Where is the base of operation. 그 본거지는 어디에 있나?
◇ It is located ten miles above. 10마일 상류에 위치해 있다.

above는 : 하늘에, 상급 …에

◇ looking at the stars above 하늘의 별을 바라보며
◇ father in heaven above 천상에 계신 아버지.

above는 전치사로 : 비스듬히 위에, 위로, 상류 쪽으로

◇ looking at the moon above the mountain 산위의 달을 바라다보며
◇ 2,000m above sea level 해발 2,000미터
◇ We oared our way ten miles above the bridge. 우리는 그 다리에서 상류 쪽으로 10마일을 노 저어 갔다.

above는 : …이상의 …, …넘게, 보다 더 위인, 보다 훨씬 뛰어난

◇ We hire men only above the age of 21. 21세 이상의 남자만 고용한다.
◇ Be careful not to drive above 20 mph. 시속 20마일 넘게 운전하지 않도록 조심하라.
◇ A Pfc I is above a Pvt. 일등병은 이등병보다 계급이 위다.
● 참고 : Pfc[PFC] Private First Class 일등병 Pvt Private 이등병

★ 주어 + be far above me in + 명사, 동명사
  주어는 …있어서는 나보다 훨씬 잘한다.(뛰어나다)

◇ You are far above me in math. 너는 수학에 있어서는 나보다 훨씬 잘하지 않니.
◇ She is far above me in singing. 그녀는 노래에 있어서는 나보다 훨씬 잘하지 않니.
◇ I'm far above you in swimming. 수영은 내가 훨씬 낫지.

# out

out은 : …하러 나가있는, …을 떠나(벗어나)

◇ I'm going out of Seoul. (출장으로)서울을 떠난다.
◇ My mother is out for shopping. 어머니는 쇼핑하러 나가 있다.
◇ My father is out to lunch. 아버지는 식사하러 나가있다.
◇ My brother is out in the garage. 형님은 차고에 나가있다.

out은 : 조수가 썰물 중, 배가 먼 바다에 있어, 타국으로

◇ Is the tide out? 조수는 썰물인가?
◇ Is the tide at its flow? 조수는 밀물인가?
◇ The tide rises. 조수는 밀물이다.

★ The vessel is out at sea. 그 대형 배는 항해 중이다.

◇ The criminal is still at large. He has flown out to Canada. 범인은 아직 잡히지 않고 있다, 캐나다로 넘어가 버렸다.

out은 : 밖으로 내밀다. 뻗다.

★ I held out my hand and shook hands with ger. 손을 내밀어 그녀와 악수했다.
★ Stretch out your two arms like this. 이렇게 두 팔을 앞으로 뻗으세요.

out은 : 필요한 것을 골라, 신체부분이 밖으로 나와

◇ Please pick out what you like. 마음에 드는 것을 고르세요.
◇ My left leg was out, so mother tucked it up. 나의 왼쪽 다리가 나와 어머니가 이불로 덮어주셨다.

out은 : 물체가 시야에 나타나, 책이 출판되어 나와

◇ The moon has gone behind a cloud but she'll soon come out. 달이 구름 속으로 들어가 버렸지만 곧 나타날 것이다.
★ My new book is out [has come out] 나의 새 책이 나왔다.

형용사의 최상급 + 명사의 뒤에 놓여 : 이 세상 것 중에서 가장 …

★ You are the most beautiful woman out. 당신은 이 세상 여자들 중에서 가장 아름답습니다.
◇ You are the most competent prof out. 이 세상에서 가장 유능한 교수

★ out은 : 계산이 틀려, 사이가 나쁜, 탈구되어, 빠져, 일을 쉬고 있는

◇ Am I out in my calculations? 제 계산이 틀렸나?
◇ Are you out with your partner? 짝하고 사이가 나쁘니?
◇ Your right arm is out. 오른팔이 비정상이다.(탈구됐다)
◇ My wrist watch is one minute out. 손목시계가 1분 틀렸다.
◇ She is out because of the flu. 독감에 걸려서 일을 쉬고 있다.

out은 : 파업하고 있는

◇ We are out. [on a strike] 우리는 파업하고 있다.

★ out은 : 의식이 없어, 유행이 지나

◇ Father was out for long. 아버지는 오랫동안 의식을 잃었었다.
◇ put out은 끄다.  go out 불이 꺼지다.  burn out 다 타버리다.
★ Miniskirts are out. 미니스커트는 유행이 지났다.

out은 : 기한 또는 만기가 되어

◇ Your certificate of qualification will be out as of today. 당신의 자격증명서는 오늘부로 만기가 되었다.

out은 : 완전히, 끝까지, 철저히, 충분히

◇ I'm tired out. 나는 완전히 지쳤다.
◇ Tell him to hear her out. 그 여자 말을 끝까지 들어보라고 해라.
◇ Tell him to explain it all out. 그걸 충분히 설명하라 해라.
◇ I'll hear you out. 당신 말을 끝까지 들어주겠다.
◇ Say it all out. 철저하게 자초지종을 말해보아라.

★ out은 : 떨어져, 바닥나, 품절되어, 큰소리로, 노골적으로, 분명히, 기탄없이

◇ I've run out of cigarettes. 담배가 떨어졌다.

◇ Emergency rations have run out. 비상식량이 바닥났다.

◇ I'm sorry to say the article is out of stock. 물건이 품절되어 미안합니다.

◇ I'll tell her right out. 그녀에게 분명히 말하겠다.

◇ Please shout out. 큰 소리로 외치세요.

◇ Speak out in its defense. 옹호하는 말을 분명히 하다.

★ out은 : 꽃, 잎, 싹 등이 피어, 나와 돋아, 그 외 부화되어

◇ The cherry blossoms are out. 벚꽃이 피었다.

◇ Blades of grass are out. 풀잎이 나왔다.

◇ Germs are out. 어린 싹이 돋아나왔다.

◇ Chickens are out. = Chickens are hatched out. 병아리가 부화되었다.

● 참고 : an incubator 부화기
　　　　artificial incubation 인공부화, 인공부화법.
　　　　hatchery 부화장
　　　　lay an egg 알을 낳다.
　　　　sit on eggs (닭들이) 알을 품다.
　　　　hatching, incubation은 부화
　　　　hatch, incubate는 부화하다.

★ out은 : 중, 중에서

◇ nine cases out of ten 십중팔구

◇ I'll pay 3,000 dollars out of 5,000 dollars. 5,000달러 중에서 3,000달러를 지불하겠습니다.

◇ Please charge 2,000 dollars to my account. 2,000달러는 외상으로 해주시오.

★ out은 : …을 잃고, …이 나빠, 뒤떨어져, 벗어나

◇ She is out of her mind[head]. 그 여자는 미쳤다. 이성을 잃었다.

◇ I am out of work = I am out of job. 실직했다.

◇ The boss is out of humor. 사장은 기분이 나쁘다.

◇ We are out of danger. 우리는 위험에서 벗어났다.

◇ That's out of fashion. 유행에 뒤떨어졌다.

★ out은 : …이 미치지 않는 곳에, …의 밖에

◇ They are out of communication. 그들은 통신이 안 되는 곳에 있다.
◇ Out of sight, out of mind. 안보면 정도 멀어진다.

★ out은 : 벗는 것을, …을 빼앗아, 수동으로 …을 빼앗겨

◇ I helped a handicapped person out of his jacket. 나는 신체장애자가
  재킷을 벗는 것을 도왔다.
◇ He swindled me out of ten million won and bilked even his debt. 그는
  나를 속여 천만 원을 빼앗았다. 그리고 빚까지도 떼먹었다.
◇ I was swindled out of ten million. 나는 속아 천만 원을 빼앗겼다.

out은 : 만드는 재료를 나타내어 …으로

◇ I'll have a boat made out of wood. 나무로 보트를 만들 것이다.
◇ What will you make a boat out of? 자네는 배를 무엇으로 만들 것인
  가?
◇ This cart was made out of scraps. 이 손수레는 고철로 만들어졌다.

★ out은 : …심에서, … 때문에 등 동기, 원인을 나타낸다.

◇ out of patriotism 애국심에서
◇ out of curiosity 호기심에서
◇ out of necessity 필요에 의해서
◇ out of loyalty 충성심에서

★ out은 : …로부터, …에서 출처를 나타낸다.

◇ Do you come out of a rich family or a poor family? 당신은 부유한 집
  출신인가요, 가난한 집 출신인가요?
◇ I come out of a poor family. 가난한 집에서 태어났습니다.
● 참고 : Where are you from? 어디 출신 입니까?

◇ I'm from San Francisco. 샌프란시스코 출신입니다.
◇ Where do you come from? 어디 출신입니까?

◇ I come from San Francisco.
◇ Where did you com from? 어디서 왔습니까?

out은 : go out of의 형태로 물러나다.

◇ go out of office. 정권에서 물러나다.

# of

★ of+ 장소명사로 쓰여 : ···에서, ···의, ···부터

◇ I'll fix a lodging house within 200meters of school. 나는 학교에서 200미터 이내에 하숙집을 정하겠다.
◇ An army recruit training center is in the north of Seoul. 육군신병 훈련소는 서울의 북부에 있다.
◇ Is it in the South of Seoul? 그것은 서울의 남부에 있나요?
◇ I'll fix my dwelling within 5minutes of subway station. 나는 거처를 지하철역에서 5분 거리 이내로 정한다.

of 는 : ···에게서 ···을, ···에게서 ···을 잃게 하다.

◇ A highway robbery robbed the traveler of his car. 한 노상강도가 여행객에게서 차를 강탈했다.
◇ His wife robbed of his name. 그의 부인이 그의 명예를 잃게 했다.
◇ The insufficient nutrition robbed him of his sight. 영양실조 때문에 그는 실명을 했다.

★ of 는 : ···가문의, ···에게서, 으로부터, ···으로, 원인으로

◇ Does he come of a good family? 그는 좋은 가문 출신인가요?
◇ I wish to ask a favor of you. 부탁드릴 것이 있습니다.
◇ die of cancer. 암으로 죽다.

★ 주의 : 병으로 죽을 때는 die of+ 병명이며 다른 원인으로 죽을 때는 일정치 않다.

306

◇ die by the sword. 검에 죽다.

◇ die by violence. 폭력에 죽다.

◇ die from wounds. 부상으로 죽다.

◇ die through neglect. 태만(소홀, 무시)으로 죽다.

◇ die of disappointed love [thirst, hunger, sorrow] 실연으로

● 참고 : at the risk of one's life 죽을 각오로

◇ a matter of life and or death 죽느냐 사느냐의 문제

◇ smell of …로 …냄새가 난다.

| of+ 명사, of a, of an 으로 : 형용사구를 이룬다. |
| --- |

◇ a dozer of great use 크게 쓸모 있는 도자

◇ a boy of twelve years 12세의 소년

◇ We are of an age. 우리는 동갑이다.

| ★ a girl of my age 나와 같은 또래의 소년 |
| --- |

◇ UFO is [of] the shape of a discus. 비행접시는 원반 모양을 하고 있다.

● 참고 : UFO, ufo는 unidentified flying object 미확인 비행 물체로 특히 flying saucer 즉 비행접시

| ★ 명사+of a …로 : …같은 |
| --- |

◇ a demon of a woman 마귀 같은 여자

◇ an angel of a girl 천사와 같은 소녀

◇ a brute of a man 짐승 같은 남자

◇ a mountain of a wave 산더미 같은 파도

| ★ of+ 명사는 : …을 위한, 어떤 목적을 위한 |
| --- |

◇ a minute of mediation[contemplation] 묵상을 위한 1분

◇ a minute of prayer 기도를 위한 1분

| of 는 시각을 말할 때 : 전. 영국에서는 to를 |
| --- |

◇ It is ten minutes of eleven. 11시 10분 전이다.

◇ It is ten minutes to eleven. 11시 10분 전이다.

★ of 는 : 아무 뜻 없는 형식목적어 it와 함께

◇ I had a hard time. (of it) 고생했다.
◇ I had a good time. (of it) 유쾌하게 지냈다. 재미 보았다.
◇ I had a bad time. (of it) 혼났다.

I had an easy time. (of it) 돈(직업)을 고생 않고 손에 넣다.

● 참고 : have the time of one's life. 최고로 즐거운 때를 보내다.

◇ have a time. 곤란을 겪다.
◇ have time on one's hands. 시간이 너무 많이 처지하기 곤란하다.

MONTH.    DATE.

MONTH. DATE.

MONTH.   DATE.

MONTH. DATE.